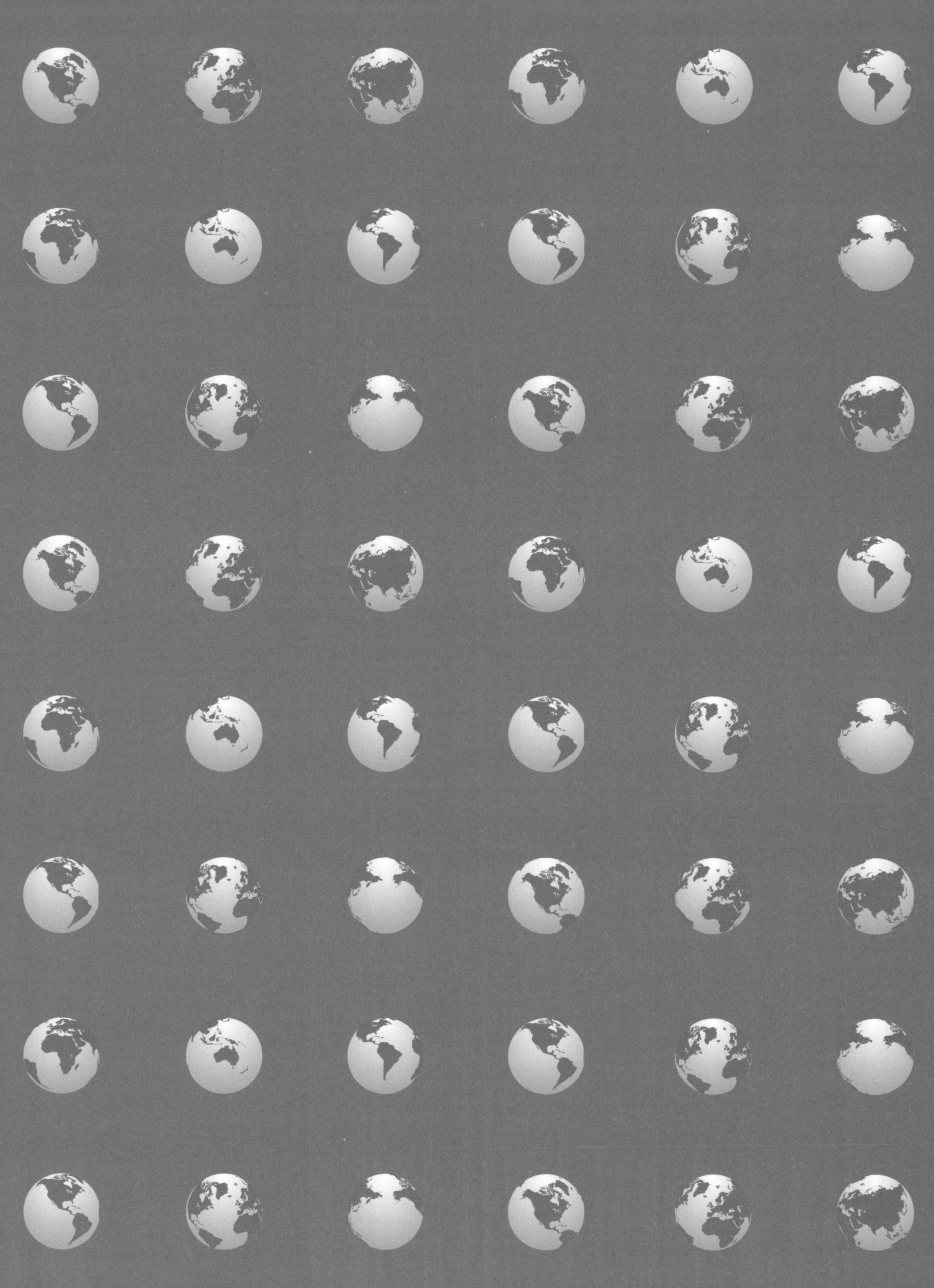

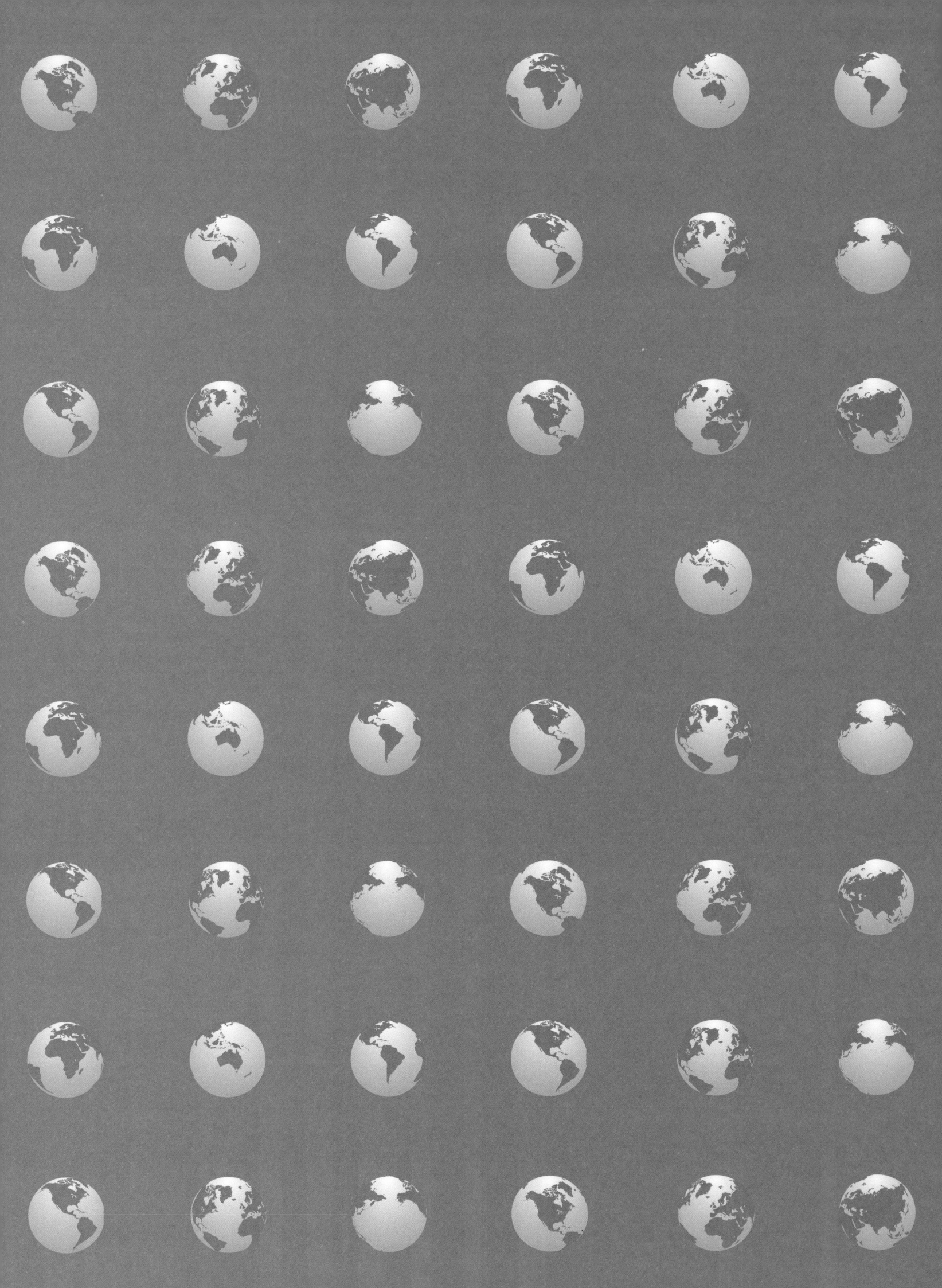

지구의 내부를 보여 주는
사실적 입체적 3D 컴퓨터그래픽 과학 백과

지구

잔 스트래들링 글

영국에서 태어나 7년 동안 홍콩에서 초등학생을 가르쳤습니다.
그 후 오스트레일리아와 뉴질랜드의 디즈니 방송 채널 제작 부장으로 지내면서
많은 어린이 프로그램을 만들었습니다. 텔레비전용 어린이 영화 시나리오 한 편을
공동 집필했으며, 여러 권의 어린이 책과 두 권의 성인용 논픽션을 썼습니다.
지금은 자유기고가로 글을 쓰면서 텔레비전 방송 제작자로 일하고 있습니다.

로빈 카터 외 그림

세계 유명 예술 대학에서 공부하고, 오랫동안 삽화를 그려 온 25명의 미국,
영국, 독일, 이탈리아, 오스트레일리아의 화가들이 공동 작업을 하였습니다. 모든
그림은 정확한 연구 자료를 바탕으로, 최첨단 3D 컴퓨터그래픽으로 입체적이고
정교한 효과를 살려 표현했습니다. 또한 모든 그림은 전문가의 감수를 받았습니다.

이충호 옮김

서울대학교 사범대학 화학과를 졸업했습니다. 과학 전문 번역가로
활동하고 있으며, 2001년 제20회 한국과학기술도서 번역상을 수상했습니다.
그동안 옮긴 책으로 「3D 과학 백과 우리 몸」, 「3D 과학 백과 지구」, 「도도의 노래」,
「내 안의 유인원」, 「오싹오싹 무서운 독」, 「루시퍼 이펙트」, 「공기 위를 걷는 사람들」,
「59초」, 「세계의 모든 신화」, 「수학이 사랑한 예술」 등이 있습니다.

손영운 감수

서울대학교에서 지구과학을 공부했습니다. 중·고등학교 과학 교사로
근무했으며, 중학교 과학 교과서와 교사용 지도서를 집필했습니다. 그동안
「청소년을 위한 서양 과학사」, 「엉뚱한 생각 속에 과학이 쏙쏙」, 「손영운의 우리 땅
과학 답사기」 등을 펴내, 과학창의재단의 우수 과학 도서로 선정되었습니다.
지금은 지역 신문에 「손영운의 과학 이야기」를 기고하는 과학 칼럼니스트이면서,
청소년을 위한 과학 관련 책들을 쓰는 과학 작가로 활동하고 있습니다.

2022년 3월 25일 1판 2쇄 **펴냄** 2021년 1월 25일 1판 1쇄 **펴냄**
펴낸곳 (주)효리원 · **펴낸이** 윤종근 · **글쓴이** 잔 스트래들링 · **그린이** 로빈 카터 외 · **옮긴이** 이충호 · **감수** 손영운
등록 1990년 12월 20일 · **번호** 2-1108 · **우편 번호** 03147 · **주소** 서울시 종로구 삼일대로 457, 406호
전화 02)3675-5222 · **팩스** 02)765-5222
잘못 만들어진 책은 구입하신 서점에서 바꾸어 드립니다. · ISBN 978-89-281-0693-6 74450
이메일 hyoreewon@hyoreewon.com
홈페이지 www.hyoreewon.com

EARTH

Copyright © Weldon Owen Pty. Limited www.weldonowen.com
All rights reserved. Korean Translation Copyright © 2010 by Hyoreewon Publishing Co., Ltd.
Korean edition is published by arrangement with Weldon Owen Pty Ltd through The ChoiceMaker Pty. Ltd.
이 책의 한국어판 출판권은 초이스메이커코리아를 통해 Weldon Owen Ltd와 독점 계약한 (주)효리원에 있습니다.
신 저작권법에 의해 한국 내에서 보호를 받는 저작물이므로 무단 전재와 무단 복제를 금합니다.

지구의 내부를 보여 주는

지구

잔 스트래들링 글 · 로빈 카터 외 그림 · 이충호 옮김
손영운(전 고등학교 과학 교사 · 과학 교과서 집필자) 감수

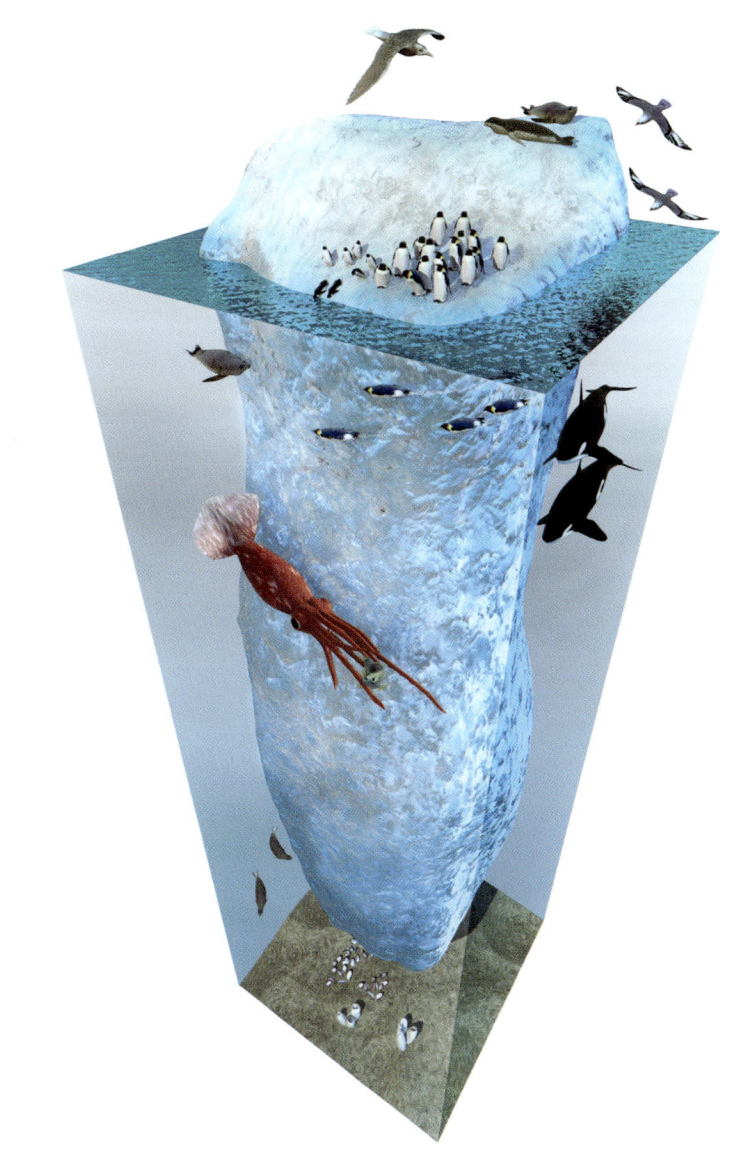

지구의 내부를 보여 주는

사실적
입체적 **3D**
컴퓨터그래픽 과학 백과

지구

감수자의 말

우리가 살고 있는 지구의 나이는 몇 살일까요?
놀라지 마세요. 자그마치 46억 살이에요.
그동안 지구는 큰 변화를 겪어 왔고, 지금도 변화하고
있어요. 그렇다면 우리가 살고 있는 지구는 무엇으로
이루어져 있고, 어떤 특징을 지니고 있을까요?
「지구의 내부를 보여 주는 사실적 입체적 3D 컴퓨터그래픽 과학 백과 지구」는,
지구에 대한 이러한 궁금증을 시원하게 풀어 주는 책이에요.
땅속, 대기권, 바닷속, 날씨와 지형, 재생 에너지 등
지구의 이모저모, 구석구석을 초등학생의 눈높이에 맞춰
쉽고 재미있게 다루었답니다.
특히 지각, 맨틀, 외핵, 내핵 등으로 이루어진 지구의 구조와
마그마가 지각의 틈을 뚫고 솟아 나오는 화산의 모습, 지층의
구조, 동굴의 모습 등을 3차원 단면도로 보여 주는 점은,
이 책이 가지고 있는 가장 큰 장점이지요.

지구의 구조와 변화를 쉬운 설명과 3D 그림으로 담아낸
「지구의 내부를 보여 주는 사실적 입체적 3D 컴퓨터그래픽 과학 백과 지구」!
아무쪼록 이 책으로 많은 어린이들이 지구에 대한
기초 지식을 탄탄히 쌓고, 아름다운 지구에 대한
관심과 호기심을 더욱 키우기를 기대합니다.

전 고등학교 과학 교사
과학 교과서 집필자

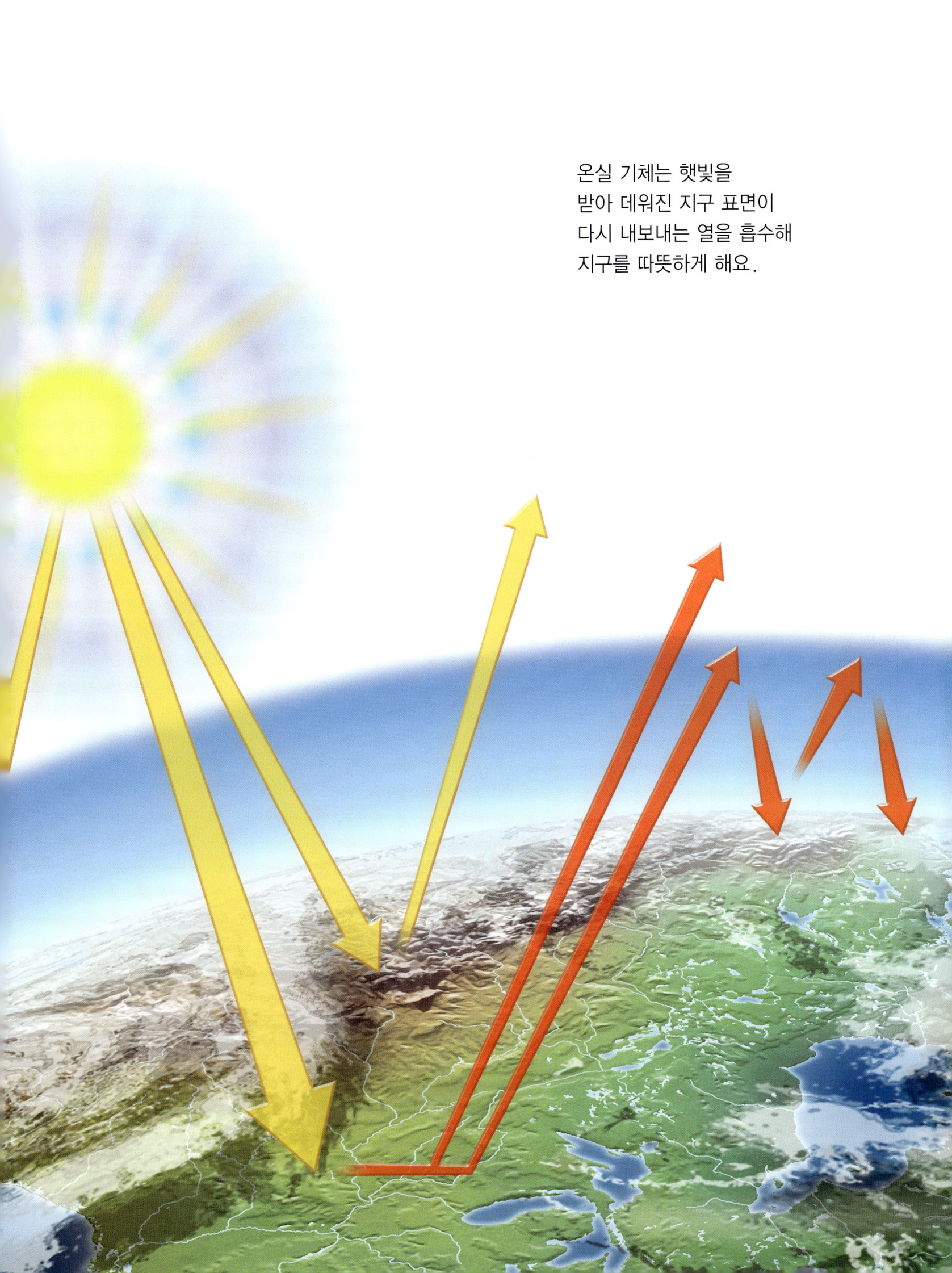

온실 기체는 햇빛을 받아 데워진 지구 표면이 다시 내보내는 열을 흡수해 지구를 따뜻하게 해요.

차례

- 16 움직이는 지구
- 20 암석
- 22 흙
- 24 육지의 지형
- 26 풍화와 침식
- 28 해안 지형
- 30 산사태
- 32 산
- 34 동굴
- 36 강
- 38 빙하
- 40 쓰나미
- 44 바닷가
- 46 해저 확장
- 48 빙산
- 50 해저 지형
- 52 파도
- 54 지구를 변화시키는 힘
- 58 용암 지대
- 60 화산
- 62 화산 폭발
- 64 열점
- 66 간헐천
- 68 계절의 변화
- 72 대기
- 74 바람
- 76 물의 순환
- 78 구름
- 80 강수
- 84 폭풍
- 86 태풍
- 88 온실 효과
- 90 에너지
- 92 탄광
- 94 석유
- 96 용어 설명

● 육지 ● 물 ● 살아 있는 지구 ● 날씨 ● 인류의 발자국

움직이는 지구

지구는 겉으로 보기에는 아무 움직임이 없는 것처럼 보이지만, 속으로 보면 끊임없이 움직이고 있어요.

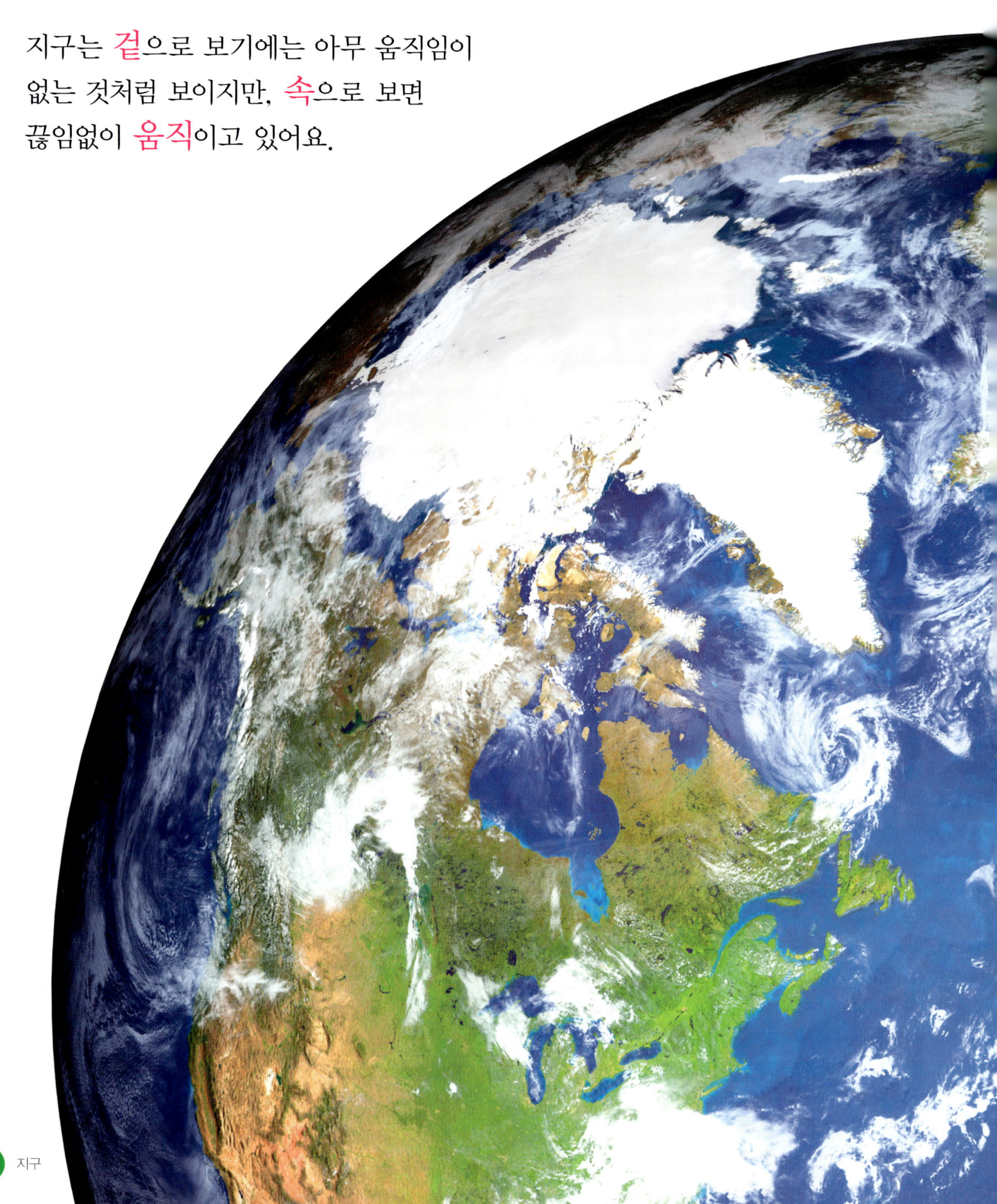

지각은 차갑고 단단한 암석으로 이루어져 있어요. 지각 아래에 있는 맨틀은 뜨겁고 걸쭉한 물질로 이루어져 있어요. 이 물질은 액체처럼 움직이지만 사실은 고체 상태예요. 지구 내부의 높은 열과 움직임 때문에 핵은 아주 큰 압력을 받아요. 그래서 핵은 맨틀보다 훨씬 더 뜨거워요. 외핵은 액체 상태이지만, 안쪽의 내핵은 고체 상태예요.

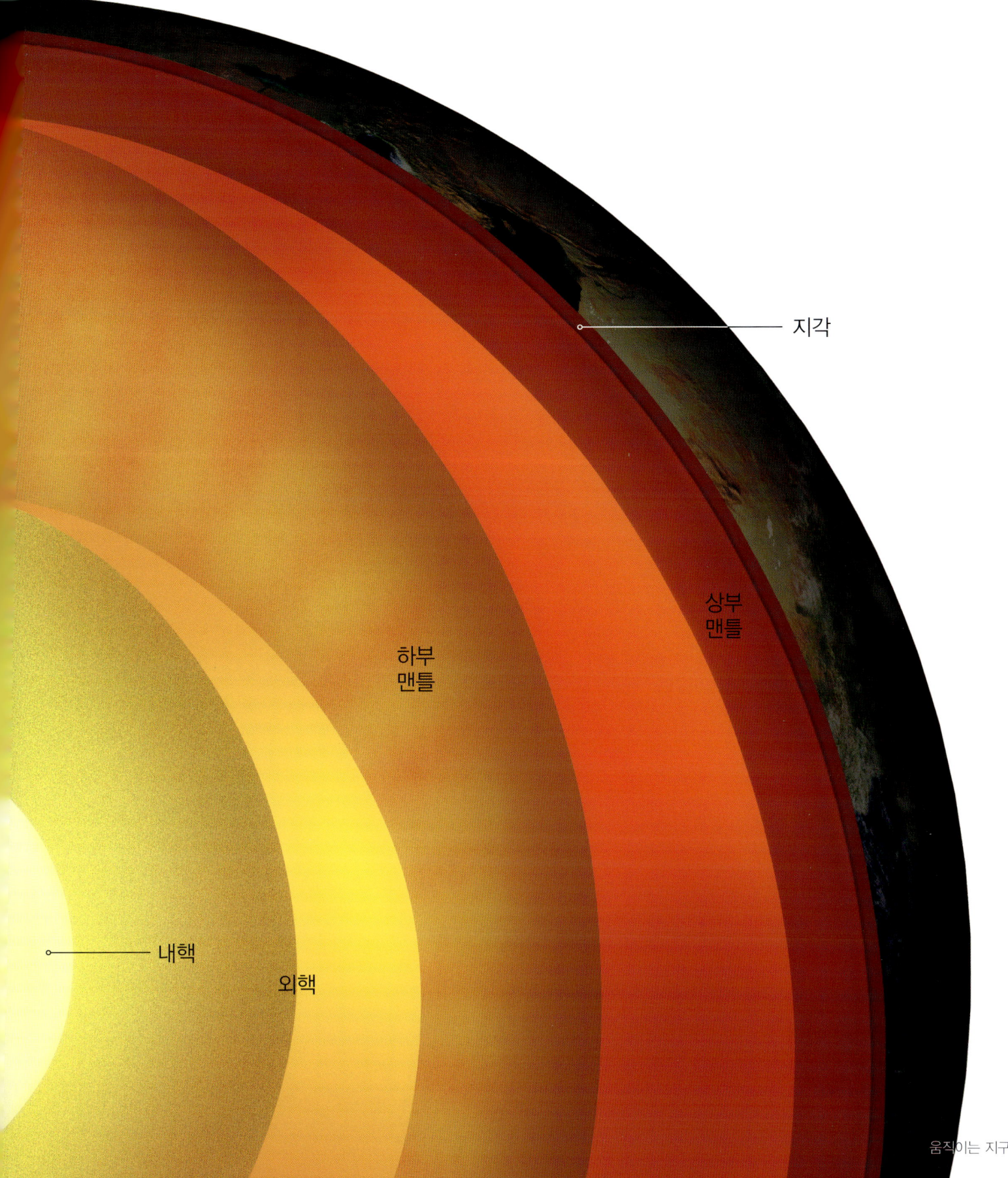

맨틀에서 뜨거운 물질은 지표로 서서히 솟아오르고, 지표 부근에서 식은 물질은 아래로 가라앉아요. 이러한 움직임을 '맨틀의 대류'라고 불러요. 그림에서 화살표는 맨틀의 대류를 나타낸 거예요. 지구를 감싸고 있는 지각은 몇 개의 판으로 나누어져 맨틀 위에 떠 있어요. 그리고 맨틀의 대류 때문에 판들은 이리저리 움직여요. 이러한 판들의 움직임은 지진을 일으켜요. 마그마가 지각의 틈을 뚫고 지표면으로 솟아나오면 화산이 폭발해요.

지구는 약 46억 년 전에 태어났어요. 그리고
그 후 큰 변화를 겪어 왔어요. 약 2억 7000만 년 전에는
지구의 모든 대륙들이 한 덩어리(판게아)로 붙어 있었어요.
그 후 대륙들이 퍼즐 조각처럼 갈라지면서 이동해
오늘날과 같은 모습으로 변했어요.

움직이는 지구

암석의 색과 결정의 크기는
암석의 종류를 확인하는 데 도움을 줘요.

불에서 돌로
뜨거운 마그마가 식어서
굳으면 화성암이 돼요.

화성암 결과 색이 고른
암석은 화성암일 가능성이 높아요.

퇴적암 여러 가지 암석이
섞여 있는 것처럼 보이는
암석은 대개 퇴적암이에요.

변성암 광물들이 띠 모양으로 늘어서
있으면 변성암일 가능성이 높아요.

암석

암석은 '**암석의 순환**(오랜 시간을 거쳐 서서히 다른 종류의 암석으로 변하는 과정)'을 통해 만들어지는데, 그 과정은 수백만 년이 걸려요. 지표면의 **화성암**은 비나 바람에 깎이거나 잘게 부서져 퇴적암으로 변해요. 오랜 세월이 지나면 **퇴적암**은 땅속 깊이 묻혀요. 땅속의 퇴적암은 지구 내부의 높은 열과 압력에 의해 **변성암**으로 변해요. 변성암은 땅속 깊은 곳에서 녹아 **마그마**가 돼요. 마그마가 지표면으로 올라오면 식어서 다시 화성암이 돼요.

변성 작용
암석이 오랜 시간
동안 열과 압력을
받으면 변성암으로
변해요.

흙

흙은 땅속의 암석에서 나온 **광물질**과 죽은 동식물에서 나온 **유기물**로 이루어져 있어요. 흙에는 **식물**이 자라는 데 필요한 **영양분**이 많이 들어 있어요. 흙 속의 미생물과 균류, 그리고 흙 속에 사는 동물들은 광물질과 유기물을 **분해**해 식물이 흡수하기 쉬운 형태로 만들어요. **식물**은 뿌리로부터 **물**과 **영양분**을 얻을 수 있다면, 아주 다양한 환경에서 살아갈 수 있어요.

낙엽층
건강한 흙에는 영양분이 많이 들어 있어요.

노래기
노래기는 절지동물이에요. 썩은 낙엽이나 나뭇가지를 먹고 영양분을 분해해요.

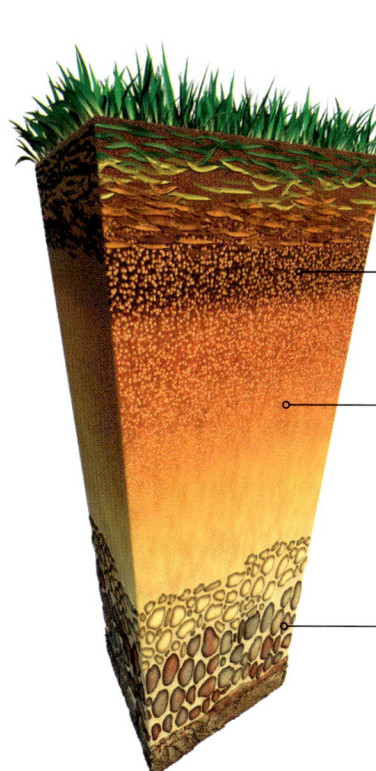

표토(겉흙)
씨와 식물의 뿌리는 겉흙에서 자라요.

심토(속흙)
속흙은 점토와 광물질로 이루어져 있어요.

기반암(굳은 암석)
흙층 아래에는 큰 바위로 이루어진 기반암이 있어요.

개미
개미는 땅속에 집을 지어요. 개미가 파 놓은 굴들은 흙 속에 공기가 잘 통하게 해 줘요. 배설물은 좋은 거름이 돼요.

지렁이
지렁이가 흙 속을 돌아다니면 흙이 잘게 부서져 부드럽고, 흙 속에 공기가 잘 통하게 돼요.

기반암 위에 있는 흙층은 잘게 부서진 암석, 썩어가는 동물, 썩은 낙엽과 나뭇가지 등이 함께 섞여 있어요.

육지의 지형

지각(지구의 맨 바깥층)은 움직이고, 휘어지고, 접히고, 가라앉고, 끊어지는 등의 변화가 매일 조금씩 일어나고 있어요. 또한 바람, 물, 얼음, 햇빛 등은 지표면의 모양을 변화시키는 데 한몫을 하고 있어요. 강과 빙하는 흘러내려가면서 땅을 깎아 내고, 암석을 침식시키거나 운반해요. 이러한 과정은 지표면을 변화시키면서 여러 가지 지형을 만들어 내요.

침식 작용 때문에 독특한 지형이 생기기도 해요. 침식 작용은 비, 바람, 물, 얼음 등이 흙이나 암석을 깎아 내는 현상을 말해요. 요르단에 있는 와디 럼은 사막에 있는 유명한 협곡인데, 사암이 침식되어 생겨났어요. 깎아지른 듯한 비탈에는 암석층들이 드러나 있어요.

붉은 사막 와디 럼

강　만　석호　　　대양　　섬

육지 : 육지의 지형

풍화와 침식

풍화 작용과 침식 작용은 암석들의 모양을 변화시켜 새로운 지형을 만들어요. 이때 날씨의 변화와 함께 나타나는 추위와 더위, 바람과 물 등은 지형을 변화시키는 큰 힘이에요.
풍화 작용은 물, 햇빛, 바람, 생물 등에 의해 암석이 잘게 부서지는 현상이에요. 빗물에 섞인 화학 물질이 암석을 녹이거나 식물 뿌리가 암석을 부수는 것도 모두 풍화 작용이에요. 반면에 침식 작용은 강물, 바닷물, 빙하가 흘러가거나 움직이면서 암석을 깎아 내는 현상이에요.

지하 동굴
때로는 물이 지하의 암석을 침식해 동굴을 만들어요.

단단한 암석은 풍화 작용과 침식 작용에 잘 견뎌 내는데, 이 때문에 독특한 지형이 생기기도 해요. 미국 유타 주의 브라이스캐니언 국립 공원에 가면, 후두(hoodoo)라는 기묘한 모양의 바위 기둥이 있어요. 이 바위는 5000~6000만 년 전 호수 바닥에서 생겨난 거예요.

물 물이 바위들 사이의 틈으로 흐르면서 깊고 좁은 협곡을 만들어요.

얼음 겨울에 물이 얼음으로 변하면 부피가 팽창하면서 암벽의 균열이 점점 커져요.

바위 기둥 시간이 흐르는 동안 점점 암석이 깎여 나가 바위 기둥이 생겨요.

파도의 힘
파도가 암석을 깎아 내 해식 동굴과 촛대바위를 만들어요.

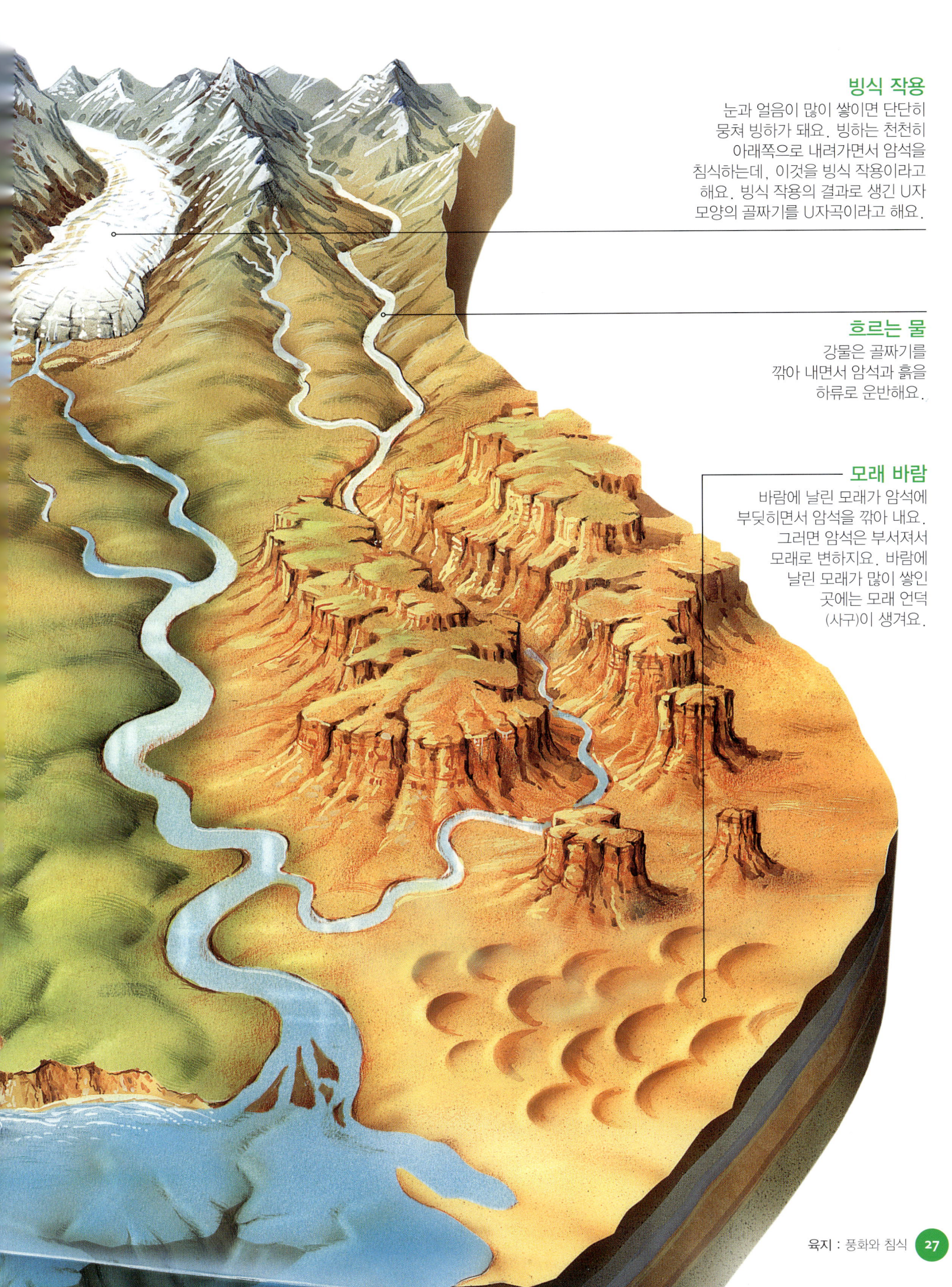

빙식 작용
눈과 얼음이 많이 쌓이면 단단히 뭉쳐 빙하가 돼요. 빙하는 천천히 아래쪽으로 내려가면서 암석을 침식하는데, 이것을 빙식 작용이라고 해요. 빙식 작용의 결과로 생긴 U자 모양의 골짜기를 U자곡이라고 해요.

흐르는 물
강물은 골짜기를 깎아 내면서 암석과 흙을 하류로 운반해요.

모래 바람
바람에 날린 모래가 암석에 부딪히면서 암석을 깎아 내요. 그러면 암석은 부서져서 모래로 변하지요. 바람에 날린 모래가 많이 쌓인 곳에는 모래 언덕(사구)이 생겨요.

해안 지형

바다와 육지가 만나는 해안 지역에서는 파도에 실려 온 모래와 조약돌이 암벽에 세게 부딪혀요. 이러한 파도의 침식 작용은 해안 지형의 모습을 바꾸어 놓아요. 해식 절벽, 만, 해식 동굴, 해식 아치, 촛대바위 등은 모두 파도의 침식 작용 때문에 생긴 거예요. 바다로 떨어진 암석 조각들은 바닷물에 실려 가는데, 때로는 이 암석 조각들이 쌓여 파도를 막아 주는 장애물 역할을 하여 해안선을 보호해 줘요.

해식 동굴

석호
석호는 모래톱이 만(해안이 육지 쪽으로 들어온 곳)의 입구를 막아 생긴 호수예요. 모래톱은 밀려드는 파도로부터 만을 보호해 줘요.

모래 언덕(사구)
바람에 날린 모래가 쌓여 모래 언덕이 생겨요.

삼각주
암석 조각과 모래가 하구에 쌓여 삼각주를 만들어요.

파도가 오랜 기간에 걸쳐 약한 지층을 깎아 만든 동굴을 해식 동굴이라고 해요. 곶(육지가 해안 쪽으로 튀어나온 곳)에 구멍이 뚫리면 해식 아치가 생기고, 해식 아치의 천장이 무너져 내리면 촛대바위가 생겨요.

해식 아치

촛대바위

해식 절벽 파도가 깎아 내 만든 절벽이에요.

해변 조수와 파도가 모래를 쌓은 곳에 해변이 생겨요.

촛대바위

해식 동굴 파도가 깎아 내 만든 동굴이에요.

해식 아치 곶에 구멍이 뚫린 것을 말해요.

육지 : 해안 지형

산사태

산사태와 낙석은 비나 지진 혹은 폭파와 같은 사람의 행동 때문에 일어날 수 있어요. 비나 눈이 많이 내리면, 많은 물이 비탈을 따라 흘러내려가기에 지표면이 불안정해져요. 비탈 위쪽에 있는 흙이 물을 많이 머금으면 걸쭉한 진흙으로 변해 미끄러져 내려가는데, 이렇게 해서 산사태가 일어나요. 물은 땅속으로도 흘러가면서 지표면의 식물과 암석을 불안정하게 해요. 지반이 약한 곳에서는 큰 흙덩어리가 떨어져 나와 미끄러져 내려가 산사태가 일어날 수 있어요. 또 지반이 약한 곳이 무너질 때에도 산사태가 일어나요.

인장 균열
산사태가 일어날 때에는 아래로 내려가려는 물과 흙의 힘이 쌓이다가 마침내 큰 흙덩어리가 떨어져 나가는데, 이것을 인장 균열이라고 해요.

눈사태는 쌓인 눈 더미가 자기 무게를 지탱하지 못하고 비탈을 따라 미끄러져 내려올 때 발생해요.

말단부
산사태로 미끄러져 내려온 물질들은 비탈이 끝나는 지점인 말단부에 모여 쌓여요.

산

주위의 땅보다 높이 솟은 곳을 산이라고 해요. 산은 **산봉우리**, 곧 산 정상의 높이가 바다에서부터 최소 **300미터**는 되어야 해요. 산은 높이 올라갈수록 기온이 점점 떨어지고, **바람**이 거세지고, **습도**가 높아져요. 이렇게 달라지는 자연환경에 따라 산에 사는 식물의 종류도 달라져요.

높은 산 정상의 기온은 어는점 아래로 떨어질 수도 있어요. 심지어 **눈**과 **얼음** 외에는 아무것도 없는 곳도 있어요. 덥고 비가 많이 오는 열대 지방이더라도 아주 높은 산 꼭대기는 **킬리만자로산**(5,895미터)처럼 아주 높은 산 꼭대기는 눈으로 덮여 있어요.

대나무 숲
키가 가장 큰 풀인 대나무가 무성한 숲을 이루고 있어요. 근처에 나무도 자라고 있어요.

정상
높은 산 꼭대기는 아주 추워서 식물이 살지 못해요.

정상 부근
풀처럼 줄기가 연한 식물이 살아요. 어떤 식물은 작은 나무만 큼게 자라기도 해요.

황무지
키 큰 풀과 관목이 자라지만, 나무는 자라지 않아요.

하나 더 알아봐요!

세계에서 가장 높은 산은 히말라야산맥에 있는 에베레스트산이에요. 높이가 무려 8,848미터나 된답니다.

사바나
사바나는 건조하고 따뜻한 초원 지역이에요. 풀로 뒤덮인 초원에는 관목과 나무가 듬성듬성 자라고 있어요.

산지 삼림
나무와 관목이 자라요.

약 1억 4500만 년 전에 인도가 유라시아 판을 향해 다가갔어요. 그리고 두 판이 서로 부딪히면서 많은 지진과 화산 폭발이 일어났어요. 그 후 인도와 아시아 사이에 있던 바다가 없어지고, 바다 위 퇴적층이 구부러지면서 위로 전천히 솟아올라 큰 산맥이 만들어졌어요. 바로 히말라야산맥이지요.

1. 약 1억 4500만 년 전에 인도가 아시아를 향해 움직이기 시작했어요.

2. 약 5000만 년 전에 인도와 아시아가 크게 부딪혔어요. 그 후 히말라야산맥이 생겨나는 데에는 약 4000만 년이 걸렸어요.

육지 : 산

동굴

물의 힘은 지하에도 동굴(땅이나 바위가 물에 천천히 녹아 생긴 구멍)을 만들어요. 세계에서 가장 큰 동굴들 중 일부는 석회암 지대에 있어요. 땅속으로 스며든 빗물이 석회암을 녹이고, 그 물이 지하의 좁은 통로를 따라 흐르면 통로가 점점 넓어져 동굴이 만들어져요. 그 밖에 뜨거운 용암이 흘러가면서 만들어지기도 하고, 암석이 무너져 내려 생긴 공간이 동굴이 되기도 해요.

석회암에 난 균열

동굴로 스며든 빗물에서 수분이 증발하고 나면, 작은 방해석(투명하고 유리처럼 빛이 나는 돌) 결정들이 생겨요. 이 결정들이 모이면 석회암이 돼요. 동굴 천장에서 고드름처럼 아래로 자라나는 것을 종유석이라 하고, 바닥에서 죽순처럼 위로 자라나는 것을 석순이라고 해요. 석순은 종유석에서 떨어진 물이에요. 시간이 지나면 종유석과 석순이 만나 기둥이 되는데, 이것을 석주라고 해요.

지표면 위로 흐르는 강물 | 석회암층

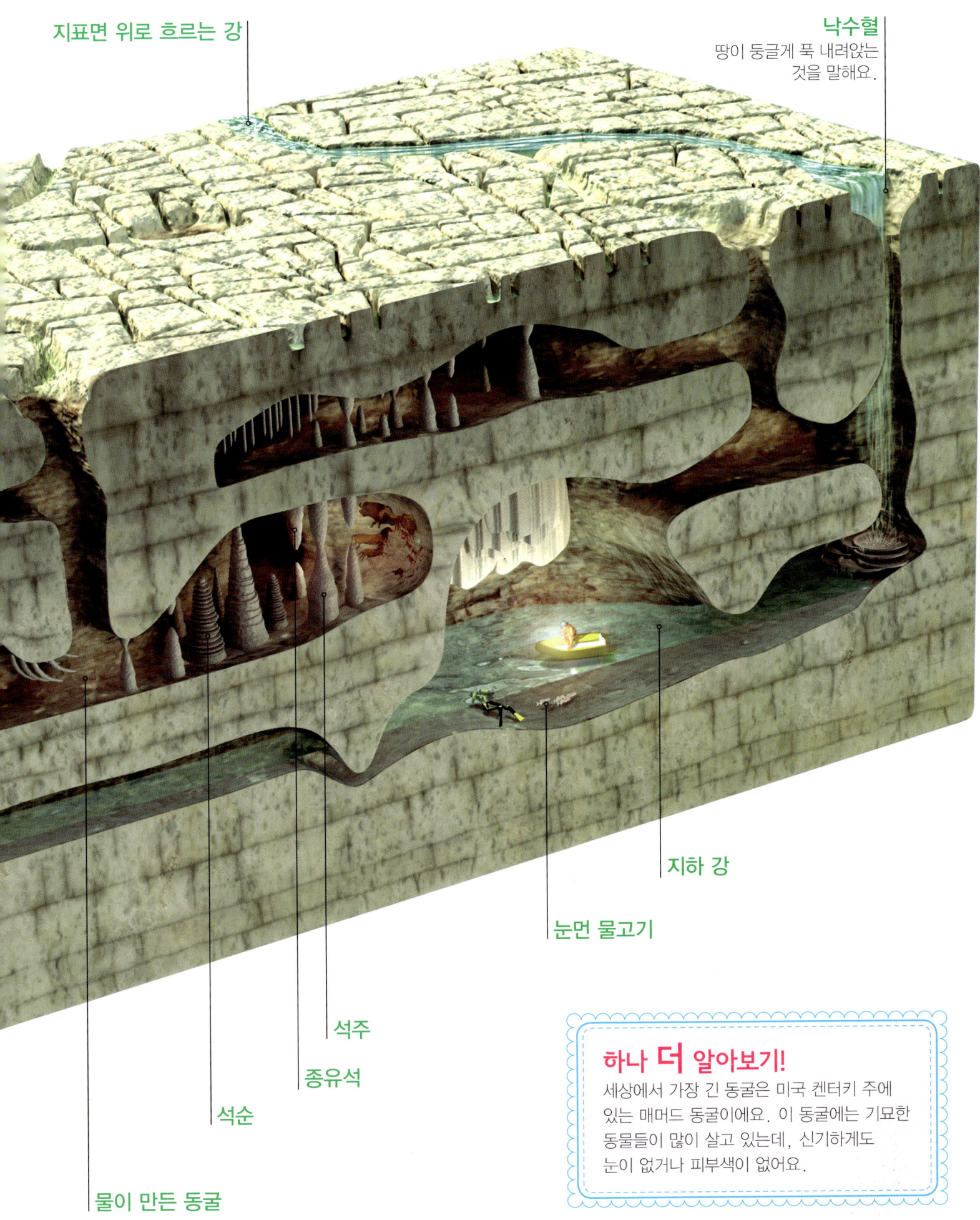

지표면 위로 흐르는 강

낙수혈
땅이 둥글게 푹 내려앉는 것을 말해요.

지하 강

눈먼 물고기

석주

종유석

석순

물이 만든 동굴

하나 더 알아보기!
세상에서 가장 긴 동굴은 미국 켄터키 주에 있는 매머드 동굴이에요. 이 동굴에는 기묘한 동물들이 많이 살고 있는데, 신기하게도 눈이 없거나 피부색이 없어요.

육지 : 동굴

강

모든 강은 높은 곳에서 낮은 곳으로 흐르는데, 아래로 내려갈수록 **강물**의 양이 점점 많아져요. **강**은 빙하가 녹은 물, 고지대의 개울, 호수나 습지 등에서 시작될 수 있어요.
강은 물, 동물, 영양 물질 등을 다른 곳으로 **운반**해 주기 때문에 강 주변의 땅은 무척 기름져요. 그래서 먼 옛날부터 사람들은 강 주변에 모여 농사를 지으며 살아왔어요.
강은 우리에게 물을 줄 뿐만 아니라, 중요한 **운송** 수단이 되기도 하고, **전기**를 만드는 데에도 쓰이고 있어요.

삼각주는 강이 바다와 만나는 지점에서, 강물이 운반해 온 퇴적물이 쌓여 이루어진 곳이에요. 해류가 약하면 퇴적물이 잘 씻겨 가지 않고 계속 쌓여 해안선이 점점 바다 쪽으로 이동해요.

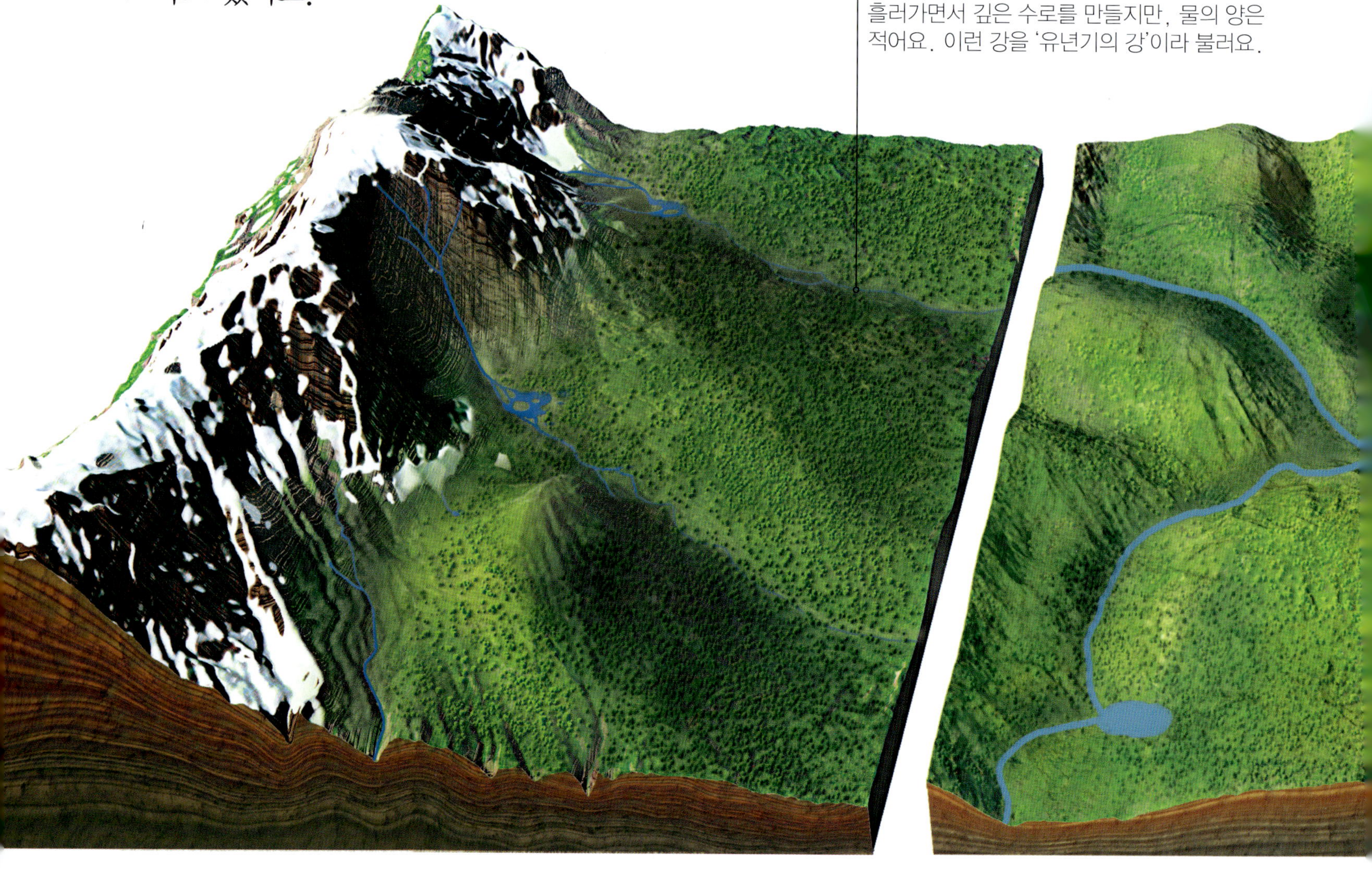

바다 위로 드러난 부분
전체 삼각주 중 눈에 보이는 부분은 일부분이에요.

유년기의 강
새로 생겨난 강은 비탈을 따라 빠른 속도로 흘러가면서 깊은 수로를 만들지만, 물의 양은 적어요. 이런 강을 '유년기의 강'이라 불러요.

암석
강으로 운반된 퇴적물 중 가장 무거운 것부터 가라앉아요.

모래
모래 알갱이가 쌓여 단단하게 굳으면 사암이 돼요.

실트
작고 가벼운 흙 입자들은 굳어서 실트암이 돼요.

셰일
가장 작은 진흙 알갱이는 맨 나중에 가라앉아 셰일이 돼요.

장년기의 강
'장년기의 강'은 경사가 그다지 가파르지 않은 지면 위로 흘러요. 강물은 흘러가면서 주변 지형을 침식하고, 많은 퇴적물을 운반해 가요.

노년기의 강
바다로 흘러 들어가기 전 마지막 단계의 강을 '노년기의 강'이라 해요. 강물은 느리게 흐르고, 실어가는 퇴적물보다 바닥에 내려놓는 물질이 더 많아요.

빙하

빙하는 땅 위에 쌓인 거대한 **얼음 덩어리**가 강처럼 천천히 흐르는 걸 말해요. 전 세계 육지 면적의 약 **10퍼센트**가 빙하로 덮여 있어요. 빙하는 **극지방**이나 기온이 아주 낮은 **산악 지역**에서 볼 수 있어요. 빙하는 이전에 쌓인 눈이 녹기도 전에 새로 눈이 그 위에 쌓이는 곳에서 생겨요. 눈이 점점 **많이 쌓여** 무거워지면, 빙하는 비탈을 따라 아래로 미끄러져 내려가기 시작해요. 빙하는 거대한 **대륙 빙하**와 작은 **곡빙하**, **분출 빙하** 등 종류가 다양해요.

하나 더 알아보기!
마지막 빙하기 때 전 세계 육지 면적의 약 32퍼센트가 빙하로 덮여 있었어요. 지금은 전 세계의 민물 중 약 75퍼센트가 빙하에 들어 있어요.

곡빙하
빙하가 골짜기를 따라 내려가면서 주변 지역을 침식해 새로운 길을 만들어요.

빙산
빙하에서 떨어져 나온 얼음 덩어리가 바다에 둥둥 떠다니는 걸 말해요.

새로 눈이 내리면, 이전에 내려 쌓여 있던 눈층은 짓눌려 단단하게 뭉쳐져요. 아래쪽에 있는 얼음 결정들은 눈과 얼음의 중간 상태인 만년설로 변해요.

- 내리는 눈
- 새로 쌓인 눈
- 작은 얼음 알갱이들
- 만년설
- 얼음

분출 빙하
대륙 빙하가 뻗어 나가면서 산악 지역을 흘러넘쳐 곡빙하의 형태로 바다나 저지대에 이른 것을 분출 빙하라고 해요.

대륙 빙하
대륙의 넓은 지역을 덮고 있는 빙하를 말해요. 빙상이라고도 해요.

빙하호
여름이 되면 표면의 얼음이 녹아 작은 강이나 호수가 생겨요.

권곡 빙하
빙하의 침식 작용으로 골짜기 꼭대기 부분에 반달 모양으로 우묵하게 파인 지형을 권곡이라 하는데, 그곳에 생긴 빙하를 권곡 빙하라고 해요.

쓰나미

쓰나미는 **지진**으로 인해 해저에 지각 변동이 일어날 때 생기는 **해일**이에요. **지진 해일**이라고도 해요.

평화로운 해변의 모습이에요.

쓰나미가 닥치기 직전에는 욕조에서 물이 빠지듯이 순식간에 만에서 바닷물이 빠져나가요.

거대한 파도가 해변을 향해 밀려와요.
해일은 엄청난 힘으로 육지를 덮쳐요. 쓰나미는
시속 750킬로미터 이상의 속도로, 10층
건물만큼 높은 파도를 일으킬 수 있어요.

쓰나미가 해변을 덮쳤을 때의 모습이에요. 구조 헬리콥터가 피해 규모를 파악하면서 폐허로 변한 해변에 생존자가 없는지 살펴보고 있어요.

바닷가

바닷가는 가끔 아무것도 살지 않는 것처럼 보이지만, 자세히 보면 온갖 **생물**이 살고 있어요. 어떤 동물들은 바닷가와 바닷속에서 살아요. **갯지렁이, 새우, 조개**는 모래에 구멍을 파고 들어가 살고, **갯벼룩**은 떠다니는 나무 아래에 붙어살아요. **동물**을 비롯한 바닷가 식물들은 쨍쨍 내리쬐는 **햇볕**과 밀어닥치는 파도가 만들어 내는 습한 환경에 스스로 적응해 살아가고 있어요.

조간대
조간대에 사는 동물들은 썰물 때에는 공기에 노출되고, 밀물 때에는 물속에 잠겨요.

바닷가
바닷가에 사는 많은 동물들은 재빨리 모래 구멍 속으로 들어가곤 해요.

조개는 기다란 관으로 모래를 헤집으며 물을 빨아들인 뒤 물에 들어 있는 먹이를 걸러 먹어요.

불가사리는 산호와 조개를 먹고 살아요. 불가사리는 팔이 떨어져 나가더라도 몇 주일 뒤면 새 팔이 자라나요.

밀려오는 파도

해안 사구
바닷가 모래가 바람에 날려 육지 쪽에 모래 언덕이 생겨요. 해안에 생긴 모래 언덕을 해안 사구라고 해요.

모래 언덕 뒤편
대부분의 육지 동물은 식물이 자라는 이곳에서 살아요.

달랑게는 바닷가에 굴을 파고 사는데, 죽은 게나 곤충을 먹고 살아요.

되돌아가는 물

판이 움직이는 방향

해저 확장

판들의 경계선인 중앙 해령을 중심으로 해양 지각이 양쪽으로 뻗어 나가기 때문에 해저 면적이 늘어나고 있어요. 중앙 해령에서 마그마가 솟아오르면서 해분(깊은 해저에 생긴 둥글고 오목한 분지)이 점점 넓어지는 것이지요.
지구의 3대 해분은 태평양, 대서양, 인도양이에요. 이 가운데 가장 크고 깊은 해분은 태평양이에요.

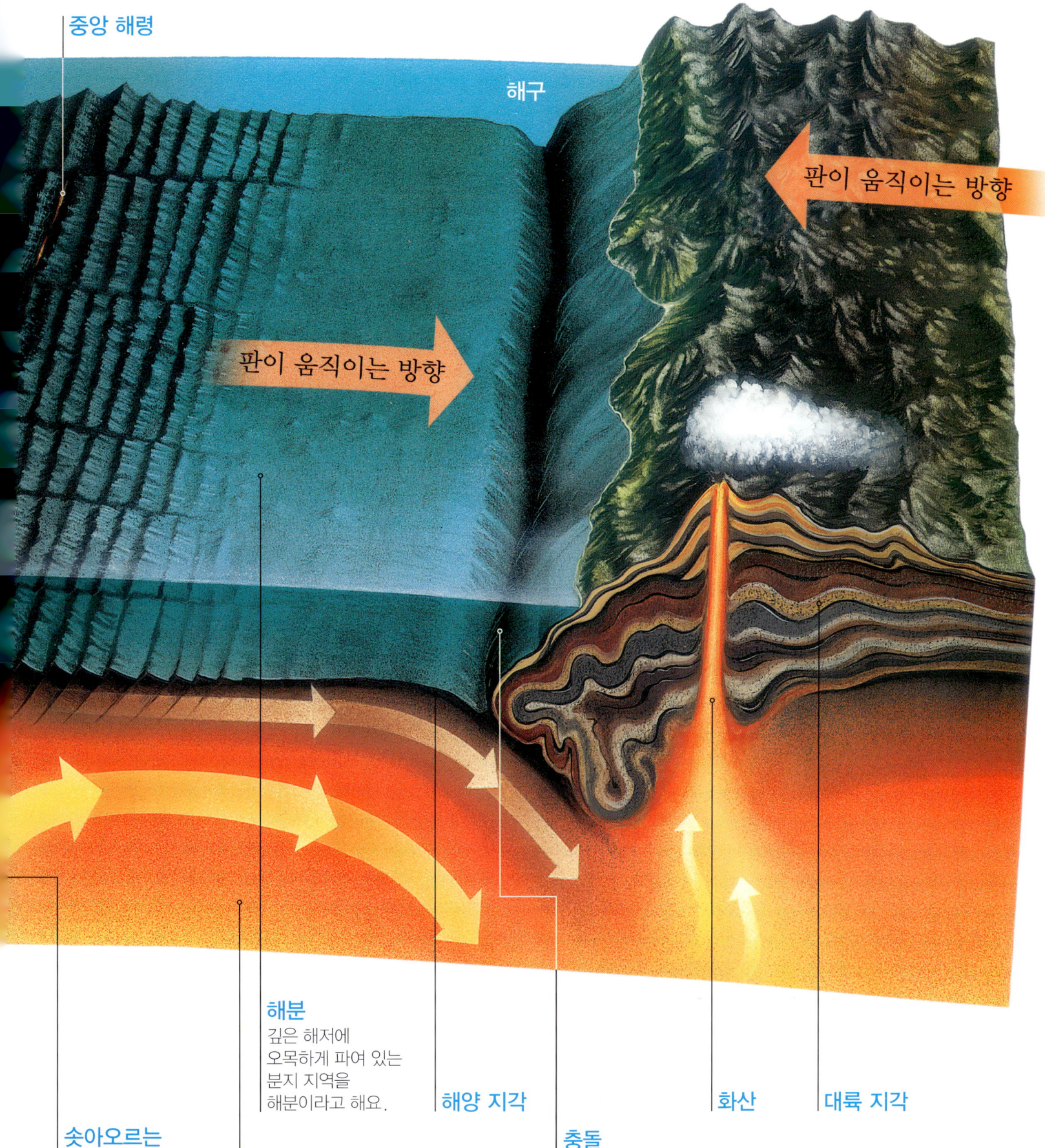

빙산

빙산은 빙하에서 떨어져 나온 얼음 덩어리예요. 빙산은 물보다 가볍기 때문에 바다 위를 떠다녀요. 빙산은 북극해와 남극해의 차가운 바다에서 볼 수 있어요. 빙산은 납작하게 생긴 것도 있고, 산처럼 생긴 것도 있어요. 빙산은 전체 부피 중 약 90퍼센트가 물속에 잠겨 있어요. 따라서 우리 눈에 보이는 빙산은 꼭대기 부분에 지나지 않아요.

남극의 새
남극에는 바다제비루가 살고 있어요. 바다제비류는 얼음 근처에서 살아요. 좋아하는 먹이는 오징어와 크릴새우예요.

얼룩무늬물범
대부분의 물범은 물고기를 잡아먹지만, 얼룩무늬물범은 펭귄과 다른 물범을 잡아먹어요.

황제펭귄
남극에 사는 황제펭귄은 550미터까지 잠수할 수 있고, 물속에서 22분 정도 숨을 쉬지 않고 버틸 수 있어요.

범고래
범고래는 주로 물범과 상어를 잡아먹는데, 때로는 다른 범고래도 잡아먹어요.

웨들해물범
웨들해물범은 주로 얼음 밑에서 시간을 보내요. 먹잇감을 발견하면, 먹잇감이 눈치채지 못하게 먹잇감 아래로 잠수해 위로 솟구치면서 잡아먹어요.

훔볼트오징어
대왕오징어보다 더 큰 훔볼트오징어는 큰 물고기와 다른 오징어를 잡아먹어요. 다 자란 훔볼트오징어는 향유고래보다도 커요.

하나 더 알아볼까!
지금까지 발견된 빙산 중 가장 높은 빙산은 북대서양에서 발견되었어요. 이 빙산은 해수면 위로 168미터나 솟아 있었어요. 이 정도면 대략 55층 건물 높이와 비슷한 셈이지요.

물 : 빙산 **49**

해저 지형

깊은 바닷속도 육지와 같이 여러 가지 재미있는 풍경이 펼쳐져요. 바닷속에도 산맥과 골짜기, 협곡(해구), 비탈, 평원이 있어요. 바다에서 가장 넓은 면적을 차지하고 있는 것은 수심 2,000미터 이하의 심해예요. 심해는 전체 해저 면적의 약 75퍼센트를 차지하고 있어요. 심해는 바닷속 아주 깊은 곳이라 빛이 전혀 비치지 않으며, 수온은 늘 섭씨 4도를 유지해요. 심해에 사는 대부분의 동물은 검은색이나 회색을 띠어요. 과학자들이 해저 지형을 제대로 탐사하기 시작한 것은 얼마 되지 않았어요.

대륙붕
대륙 주위에 완만한 경사를 이루며 뻗어 있는 해저 지역을 말해요. 대륙붕 끝 부분의 수심은 100~500미터예요.

대륙 사면
대륙붕이 끝나는 지점에서 경사가 급해지는 지역이에요.

심해저 평원
심해저 평원은 평야처럼 편평한 지역이에요.

황을 많이 함유한 뜨거운 물기둥
광물질을 많이 포함하고 있어 검은 연기처럼 보여요.

주 분출구

암석 굴뚝

기생 분출구

가열된 바닷물

뜨거운 암석과 마그마

해저의 균열 사이로 흘러 들어간 물은 깊은 땅속의 뜨거운 암석과 마그마를 만나 가열돼요. 온도가 최고 섭씨 300도에 이르고 황을 많이 함유하고 있어요. 이러한 물이 해저에서 뿜어 나오는 곳을 심해 열수 분출구라고 해요.

하나 더 알아보기!
놀라운 것은, 심해 열수 분출구 주위에도 심해관벌레, 홍합, 게를 비롯한 많은 생물이 살고 있다는 점이에요.

파도

파도는 크게 세 가지로 나눌 수 있어요. 표면파, 해양파, 쓰나미예요. **표면파**는 바람 때문에 해수면 위에 생기는 파도이고, **해양파**는 해수면 아래로 흐르는 조류 때문에 생기는 파도예요. 그리고 **쓰나미**는 바다 밑에서 지진이 발생하여 지층이 아래위로 움직일 때 생기는 파도예요. 과학자들은 파도를 이용해 에너지를 얻으려는 연구를 하고 있어요.

부서지는 파도
파도가 바닷가에 가까워지면, 바다 밑바닥이 브레이크처럼 작용해 파도 밑부분의 속도가 느려져요. 그러면 파도 마루 부분이 앞으로 넘어져 파도가 부서져요.

파도의 내부 모습
파도 속에서 물 입자들은 제자리에서 아래위로 뱅글뱅글 도는 복잡한 운동을 해요.

지금까지의 쓰나미 중 가장 큰 것은 파고(물결의 높이)가 524미터였어요. 이 쓰나미는 지진이 발생한 뒤에 알래스카 남부 해안을 덮쳤어요.

지금까지 가장 높았던 쓰나미의 파고는 524미터였어요.

기록된 태풍의 파도 중 가장 큰 것은 파고가 30미터였어요.

보통의 파도는 파고가 2미터예요.

52 지구

파도의 탄생
수면 위로 부는 바람이 파도를 일으켜요.

골 파도에서 가장 밑부분

마루 파도의 꼭대기 부분

육지를 향해
파도가 육지에 가까워질수록 마루는 더 뾰족해지고, 마루와 마루 사이의 거리(파장)는 짧아져요.

하나 더 알아보기!
남극해 부근은 세상에서 가장 큰 파도와 센 바람이 부는 곳이에요. 이곳에는 파도를 가로막는 육지가 전혀 없기 때문에 파도가 아무 방해를 받지 않고 먼 거리를 나아가며, 갈수록 속도가 빨라져요.

물 : 파도

지구를 변화시키는 힘

지각은 **판**이라 부르는 수십 개의 **조각**으로 나누어져 있어요.
판들은 **맨틀** 위를 떠다니면서
서로 부딪히기도 하는데,
판들이 만나는 **지점**에서
화산과 **산맥**이 생겨나요.

화산은 지구 내부의
열과 움직임이 지각을 밀거나
끌어당길 때 생겨요.

두께가 같은 두 판이 충돌할 때의 모습을 보여 주는 단면도예요. 두 판의 가장자리 부분이 비틀려 접히면서 지각이 밀려 올라가 높은 산맥이 만들어져요.

한 판의 가장자리가 다른 판 아래로 들어갈 때의 모습을 보여 주는 단면도예요.
땅속 깊이 들어간 암석은 맨틀에서 녹아 마그마가 돼요.
마그마는 지각의 약한 부분을 뚫고
올라와 용암과 화산재가 되어 밖으로
나오는데, 이것이 바로 화산이에요.

판들이 충돌해서 생긴 산맥이에요.
울퉁불퉁 산이 만들어져요.

용암 지대

지표면의 약 80퍼센트는 용암(화산을 통해 땅 위로 올라온 마그마)이 흘러나와 만들어졌어요. 그래서 대부분의 지형에서 화산 활동의 증거를 발견할 수 있어요. 무른 암석이 침식돼 나간 곳에서는 식어서 굳은 용암과 마그마와 암상이 드러나요. 화산 꼭대기가 무너져 내리면, 그곳에는 칼데라가 생겨요. 칼데라는 화산의 화구 주변이 무너져 내려 생긴 원형 또는 말발굽 모양의 우묵한 지형을 말해요. 칼데라에 빗물이 고이면 화구호가 돼요.

화구
화산의 마그마가 뿜어 나오는 구멍이에요.

고체 용암
화산에서 흘러나온 용암이 식어 만들어져요.

암맥
마그마가 다른 암석층 사이로 뻗어 나가다가 굳어 생긴 판 모양의 암석 줄기를 암맥이라고 해요.

화산 마개
흘러나온 용암이 화구를 막아 생겨요.

갈라진 틈
마그마는 지각에 난 틈을 통해 지표면으로 올라와요.

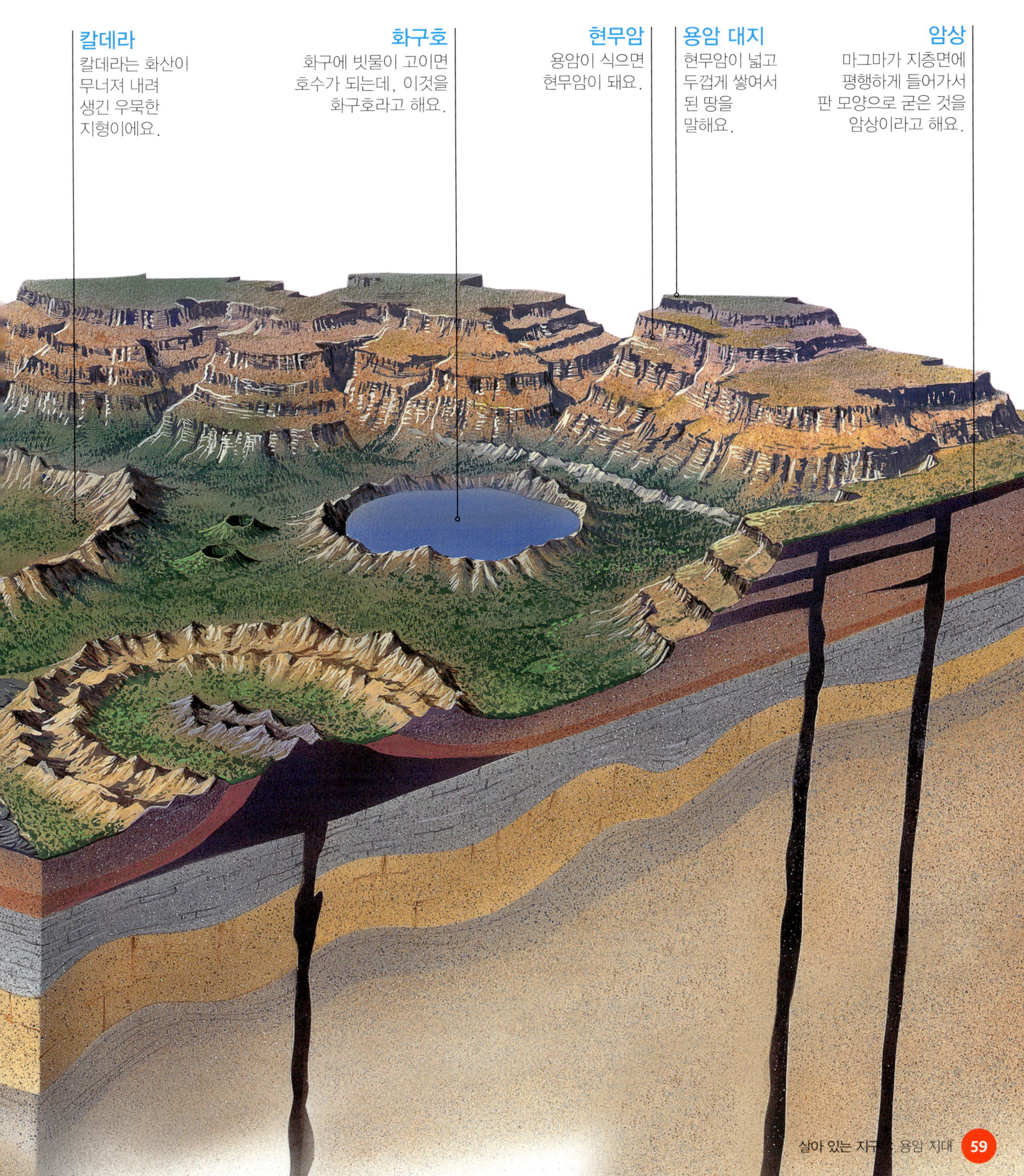

화산

맨틀은 엄청나게 뜨거워요. **암석**이 땅속으로 들어가 맨틀에 가까워지면, 녹아서 뜨거운 마그마가 돼요. **마그마**는 주변의 암석보다 밀도가 낮기 때문에 서서히 지표면 쪽으로 솟아올라요. 그러다가 **압력**이 커지면 화도 아래의 마그마굄에 모여 있던 마그마가 굴뚝 같은 **화도**를 따라 많은 기체와 수증기, 암석과 함께 뿜어져 나와요.

하나 더 알아보기!
세상에서 가장 큰 규모의 화산 폭발이 일어나는 활화산은 하와이 제도에 있는 마우나로아 화산이에요. 한 번의 화산 폭발이 1년 반 동안이나 계속된 적도 있어요.

화구
마그마는 화산 꼭대기에 난 이 구멍을 통해 치솟아 나와요.

중앙 화도
마그마와 화산 기체가 화구로 나가는 통로예요.

암맥
때로는 마그마가 암맥이라는 틈을 통해 나와요.

열극 화산 폭발
때로는 중앙 화도가 아닌 지각의 틈을 통해 마그마가 솟구치기도 해요.

60 지구

화산 원뿔
화산 원뿔은 이전에 화산 폭발한 화산재와 용암이 쌓여 만들어져요.

기생 화구
마그마는 중앙 화도가 아닌 다른 화도를 통해 나오기도 하는데, 이곳을 기생 화구라고 해요.

병반 마그마가 지표면 아래의 지층 사이에 갇혀 아랫면은 편평하고 윗면은 볼록한 모양의 암석 덩어리가 된 것을 병반이라고 해요.

마그마굄
많은 양의 마그마가 지하에 괴어 있는 것을 말해요.

화산 폭발

화산이 폭발하면 유독 기체와 화산재(아주 미세한 용암 가루)로 이루어진 구름이 대기 중으로 뿜어져 나와요. 1883년에 인도네시아의 크라카타우섬에서 아주 큰 규모의 화산 폭발이 일어났어요. 이 화산 폭발로 전체 섬의 3분의 2가 사라졌고, 화산재와 화산 기체로 이루어진 구름이 80킬로미터 상공까지 치솟아 올랐어요. 4시간에 걸쳐 네 차례의 폭발이 일어났는데, 마지막 폭발은 너무나도 커서 5,000킬로미터나 떨어진 지점에서도 그 소리가 들렸다고 해요. 거대한 화산재 구름은 이틀 동안이나 태양을 가렸어요.

하나 더 알아보기!

인류 역사상 가장 큰 규모의 화산 폭발은 7만 3500년 전, 인도네시아의 수마트라섬에서 일어났어요. 이때 발생한 화산재 구름은 전 세계로 퍼졌어요. 말레이시아에는 화산재가 9미터 높이로 쌓였고, 멀리 떨어진 인도에도 최대 15센티미터 높이로 화산재가 쌓였어요.

화산재 퇴적물

화산 폭발 때 솟아 나온 화산재 구름에서 뜨거운 화산재가 땅 위로 떨어지면, 사람들은 숨을 쉬기 힘들어요. 때로는 화산재가 마을이나 도시 전체를 시꺼멓게 뒤덮어 버리기도 해요.

열점

맨틀에서 뜨거운 마그마가 지각 바닥으로 솟아오르는 지점을 열점이라고 해요. 마그마는 아주 뜨겁기 때문에 단단한 암석을 녹여 마그마굄을 만드는데, 여기서 마그마가 지각의 틈을 뚫고 나오면 화산이 생겨요. 판들은 움직여도 열점은 움직이지 않기 때문에, 판들의 가장자리가 열점 위로 지나갈 때 화산들은 나란히 줄을 선 것처럼 형성되지요. 열점 위에 있는 화산은 활화산이 되지만, 그렇지 않은 화산은 사화산이나 휴화산이 돼요. 해저에 생긴 사화산을 해산이라 부르고, 해산 주위에 산호초가 고리 모양으로 생긴 것을 환초라고 해요.

사화산
마그마 공급이 끊기면, 화산은 활동을 멈추고 사화산이 돼요.

활화산
판 위에 실려 있는 활화산은 판과 함께 이동해요.

해저 화산
바다 밑에서 폭발한 화산

뜨거운 마그마

마그마굄

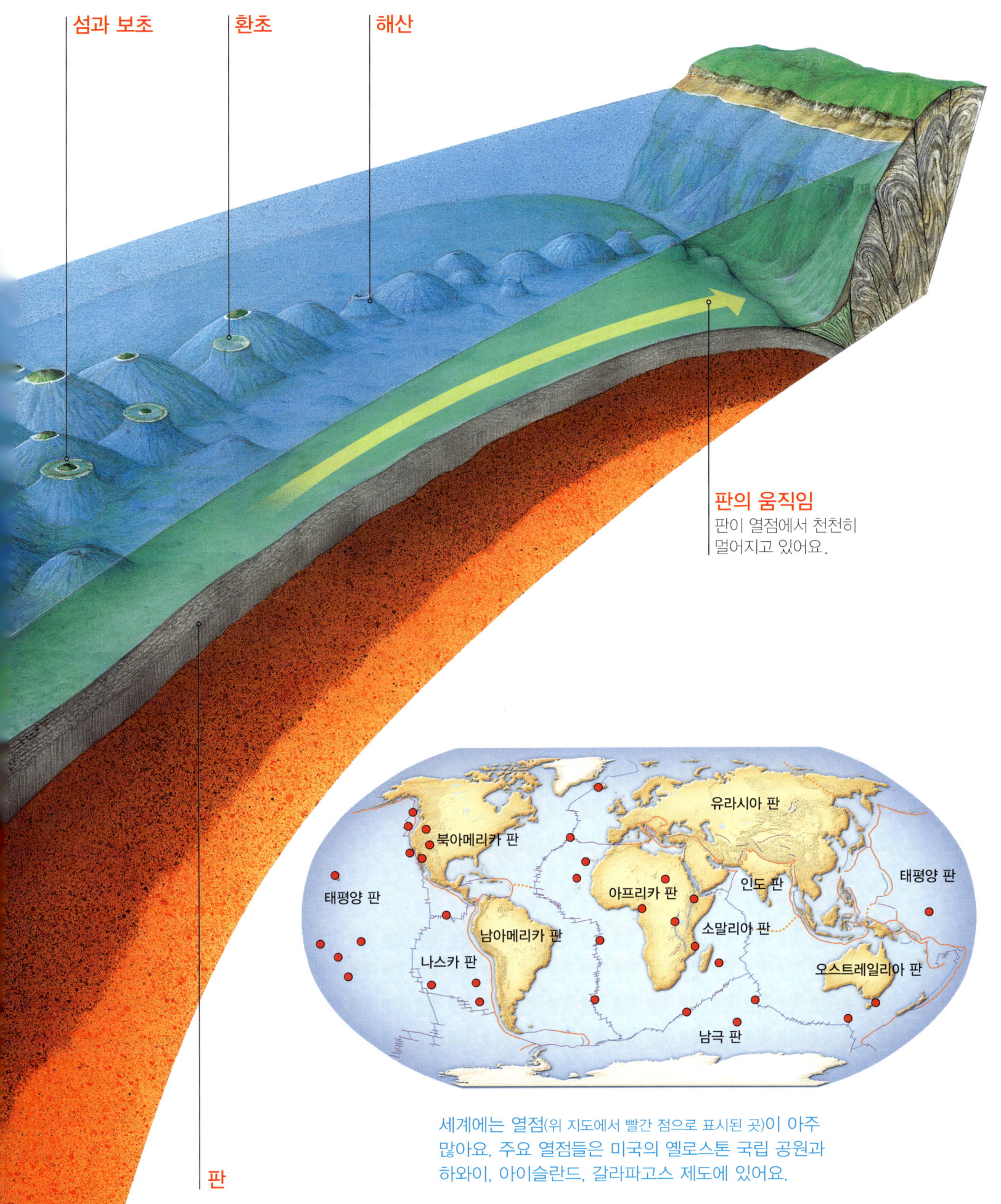

간헐천

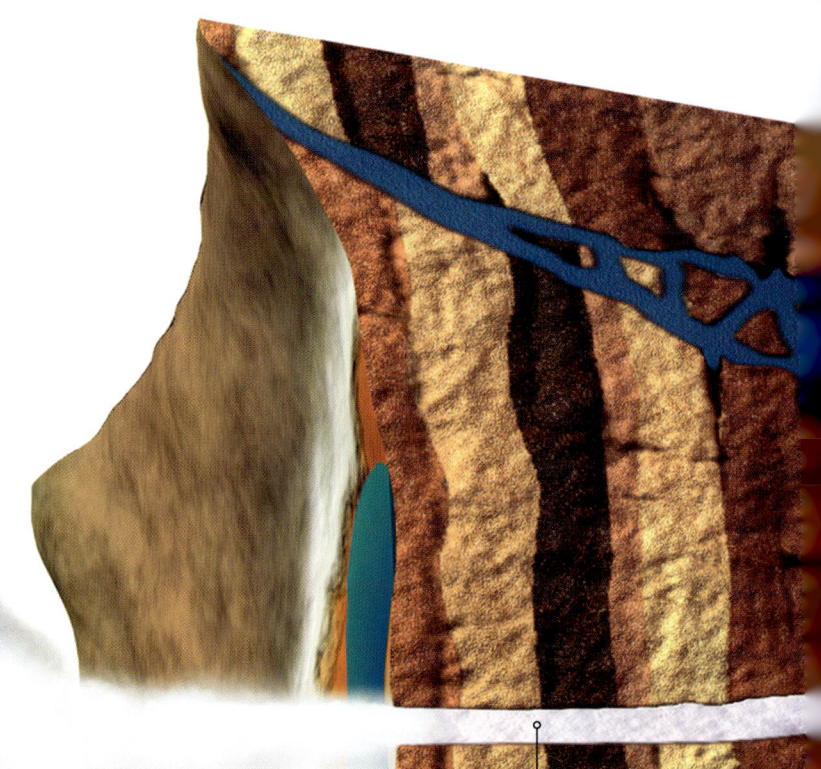

아주 뜨거운 물
뿜어져 나오는 물의 온도는
물이 끓는 온도인 섭씨 100도에 가까워요.

뜨거운 물
뜨거운 물은 분수관을 통해
지표면으로 솟아올라요.

화산 아래에 있는 땅은 마지막 화산 폭발이 일어나고 나서 수천 년이 지나도 뜨거운 상태로 남아 있어요. 물이 지하로 스며들어 뜨거운 암석에 닿으면 뜨겁게 가열되지만, 위에 있는 차가운 물이 큰 압력으로 누르고 있어 끓지는 않아요. 그렇지만 열이 점점 증가하면, 뜨거운 물의 압력이 커져 마침내 위의 차가운 물을 밀어 내고 지표면 위로 솟아올라요. 수증기와 뜨거운 물이 땅속에서 솟구치며 뿜어져 나오는 것을 간헐천이라 하고, 뽀글거리면서 솟아오르는 것을 온천이라고 해요.

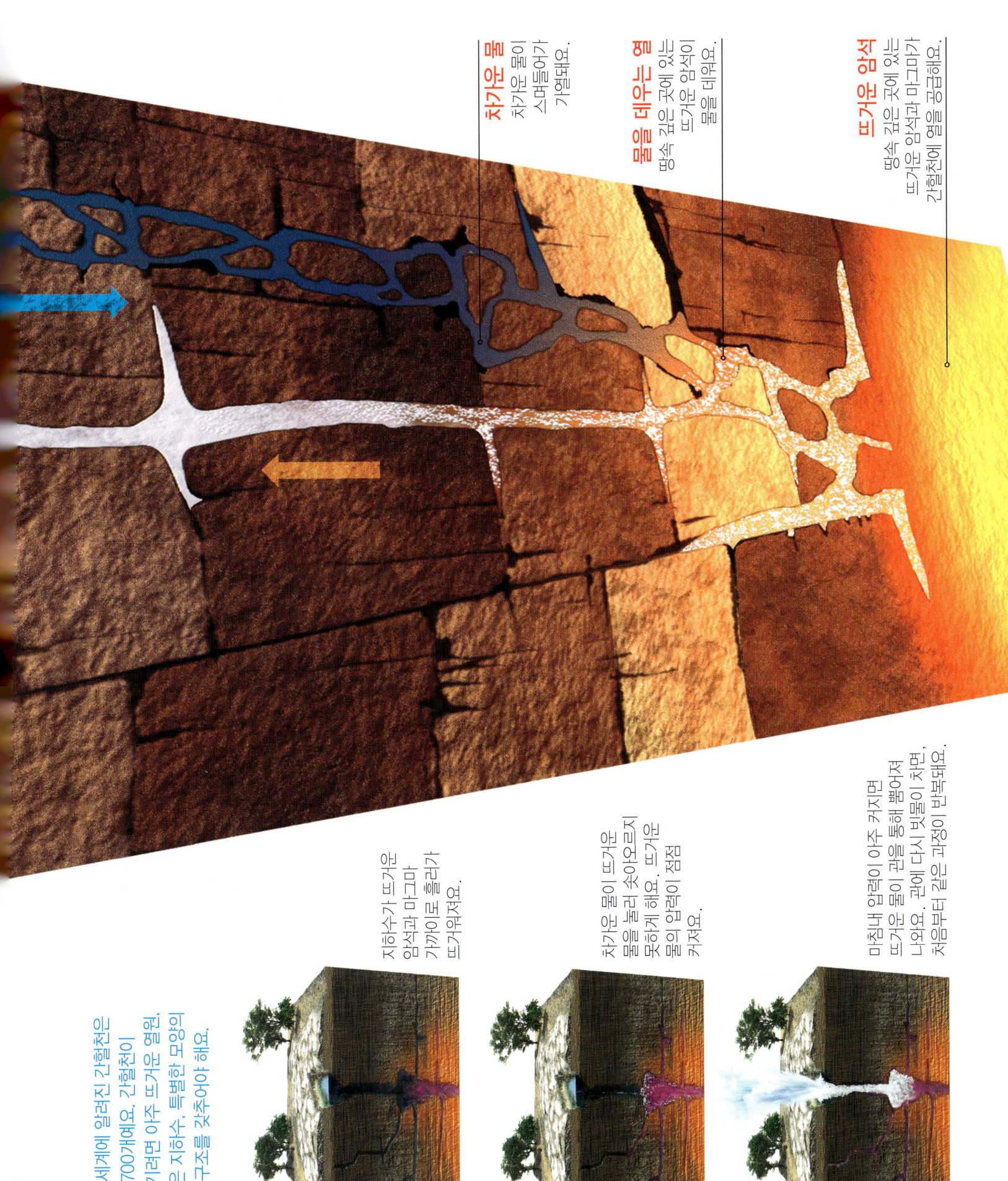

차가운 물
차가운 물이 스며들어가 가열돼요.

물을 데우는 열
땅속 깊은 곳에 있는 뜨거운 암석이 물을 데워요.

뜨거운 암석
땅속 깊은 곳에 있는 뜨거운 양석과 마그마가 간헐천에 열을 공급해요.

전 세계에 알려진 간헐천은 약 700개예요. 간헐천이 생기려면 아주 뜨거운 열원, 많은 지하수, 특별한 모양의 판 구조를 갖추어야 해요.

지하수가 뜨거운 암석과 마그마 가까이로 흘러가 뜨거워져요.

차가운 물이 뜨거운 물을 눌러 솟아오르지 못하게 해요. 뜨거운 물의 압력이 점점 커져요.

마침내 압력이 아주 커지면 뜨거운 물이 관을 통해 뿜어져 나와요. 관에 다시 빗물이 차면, 처음부터 같은 과정이 반복돼요.

살아 있는 지구 : 간헐천 **67**

계절의 변화

지구는 **자전축**(지구가 스스로 돌 때 중심이 되는 축)이 **비스듬히** 기울어져 있어요. 그래서 지구가 **태양 주위**를 돌 때, 시기에 따라 각 지역에 비치는 **햇빛의 양**이 달라요. 이 차이 때문에 **계절의 변화**가 나타나요.

봄이 오면 나무에 꽃이 활짝 펴요.

지구가 태양 주위를 한 바퀴 도는 데는 일 년이 걸려요. 일 년 동안 계절은 봄, 여름, 가을, 겨울 네 번 바뀌어요.

북반구 가을, 남반구 봄

북반구 겨울, 남반구 여름

태양

북반구 여름, 남반구 겨울

북반구 봄, 남반구 가을

여름은 일 년 중 가장 더운 계절이에요. 나무는 봄에 피웠던 꽃잎을 떨어뜨리고, 가지마다 잎이 무성해져요.

가을이 오면 초록색이었던 나뭇잎은
노랑, 주황, 빨강으로 아름답게 물들어요.
그리고 얼마 후 땅에 떨어져요.

겨울은 일 년 중 가장 추운 계절이에요.
어떤 지역은 눈이 내려요. 잎이 다 떨어져
나뭇가지만 앙상하게 남은 나무는
다시 봄이 와 꽃이 필 날을 기다려요.

날씨 : 계절의 변화

대기

지구는 대기권이라고 부르는 얇은 공기층으로 둘러싸여 있어요. 대기권에는 우리가 필요로 하는 산소와 물이 있어요. 또한 대기권은 태양에서 오는 해로운 광선을 막아 주고, 지구의 온도를 따뜻하게 유지해 생물들이 살아갈 수 있게 해 줘요. 대기는 크게 다섯 개의 층으로 나눌 수 있어요. 바닥층부터 차례로 외기권, 열권, 중간권, 성층권, 대류권으로 구분해요. 대기권에서는 바람이 수증기와 함께 순환하면서 세계 각지에 다양한 날씨를 만들어 내요. 우리가 경험하는 날씨는 대부분 대류권에서 일어나는 현상이에요.

하나 더 알아보기!

대기가 있는 행성에서는 날씨 현상이 나타나요. 화성에서는 거센 먼지 폭풍이 지면 위로 불어요. 목성의 대적점에서는 거대한 폭풍이 오랜 동안 지속되고 있어요.

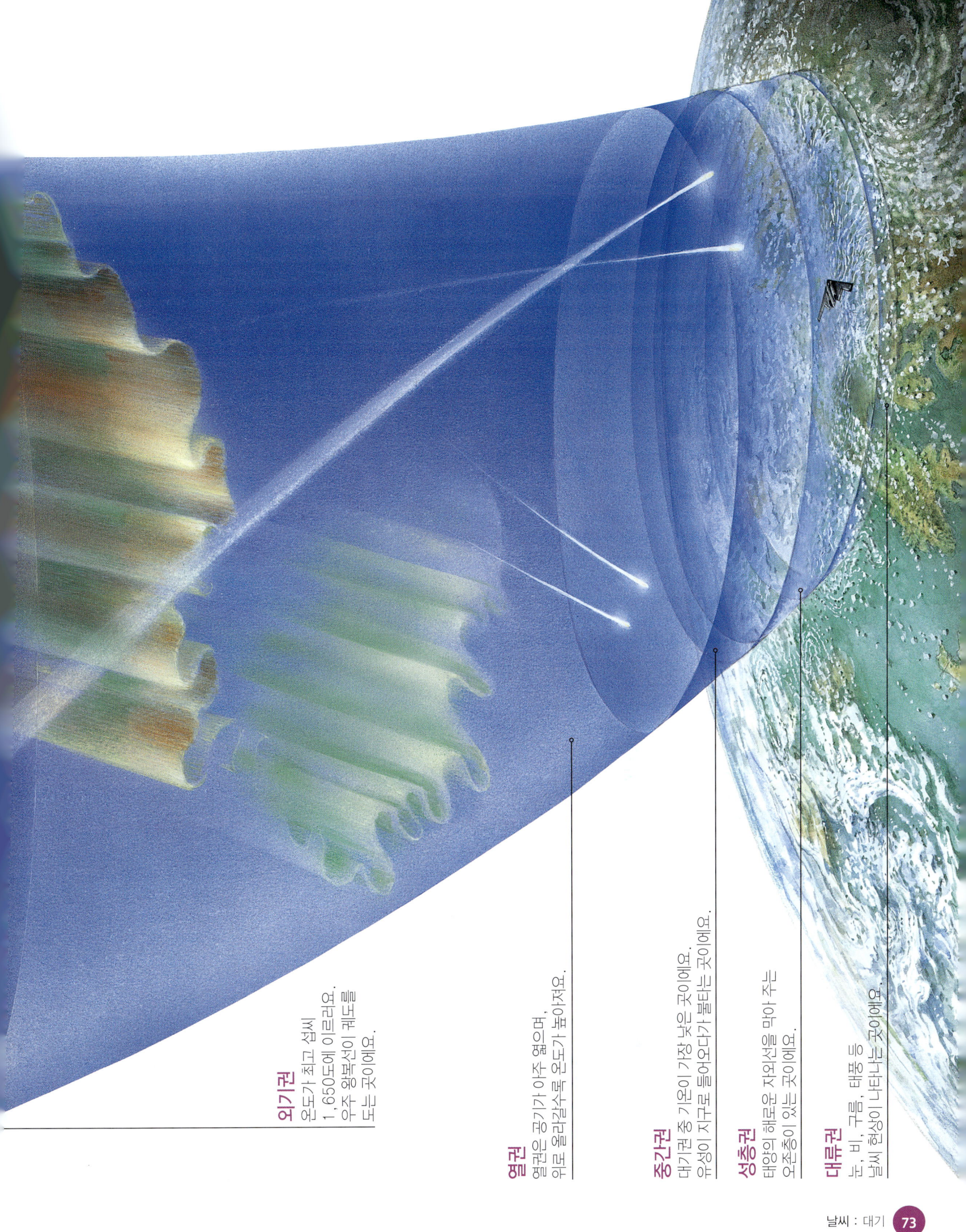

외기권
온도가 최고 섭씨 1,650도에 이르러요. 우주 왕복선이 궤도를 도는 곳이에요.

열권
열권은 공기가 아주 엷으며, 위로 올라갈수록 온도가 높아지지요.

중간권
대기권 중 기온이 가장 낮은 곳이에요. 유성이 지구로 들어오다가 불타는 곳이에요.

성층권
태양의 해로운 자외선을 막아 주는 오존층이 있는 곳이에요.

대류권
눈, 비, 구름, 태풍 등 날씨 현상이 나타나는 곳이에요.

날씨 : 대기 73

바람

바람은 공기의 움직임이에요. 바람은 장소에 따라 지표면에 내리쬐는 햇빛의 세기와 양이 다르기 때문에 생겨요. 적도에 가까운 열대 지방은 연중 내내 햇빛이 직사광선에 가깝게 내리쬐요. 그러면 열대 지방에서 따뜻하게 데워진 공기는 위로 솟아올라 남위 30도와 북위 30도 부근까지 이동했다가 거기서 냉각되어 아래로 가라앉아요. 차가워진 공기는 지면 위로 적도까지 이동해요. 이러한 바람의 순환 형태를 '세포'라고 불러요. 세포는 적도 가까이에서 생기는 해들리 세포를 비롯하여 여러 가지 세포가 있어요. 지상 가까이에서 일어나는 움직임이 바람의 방향을 결정해요. 바람의 방향은 날씨를 결정하는 데 큰 역할을 해요.

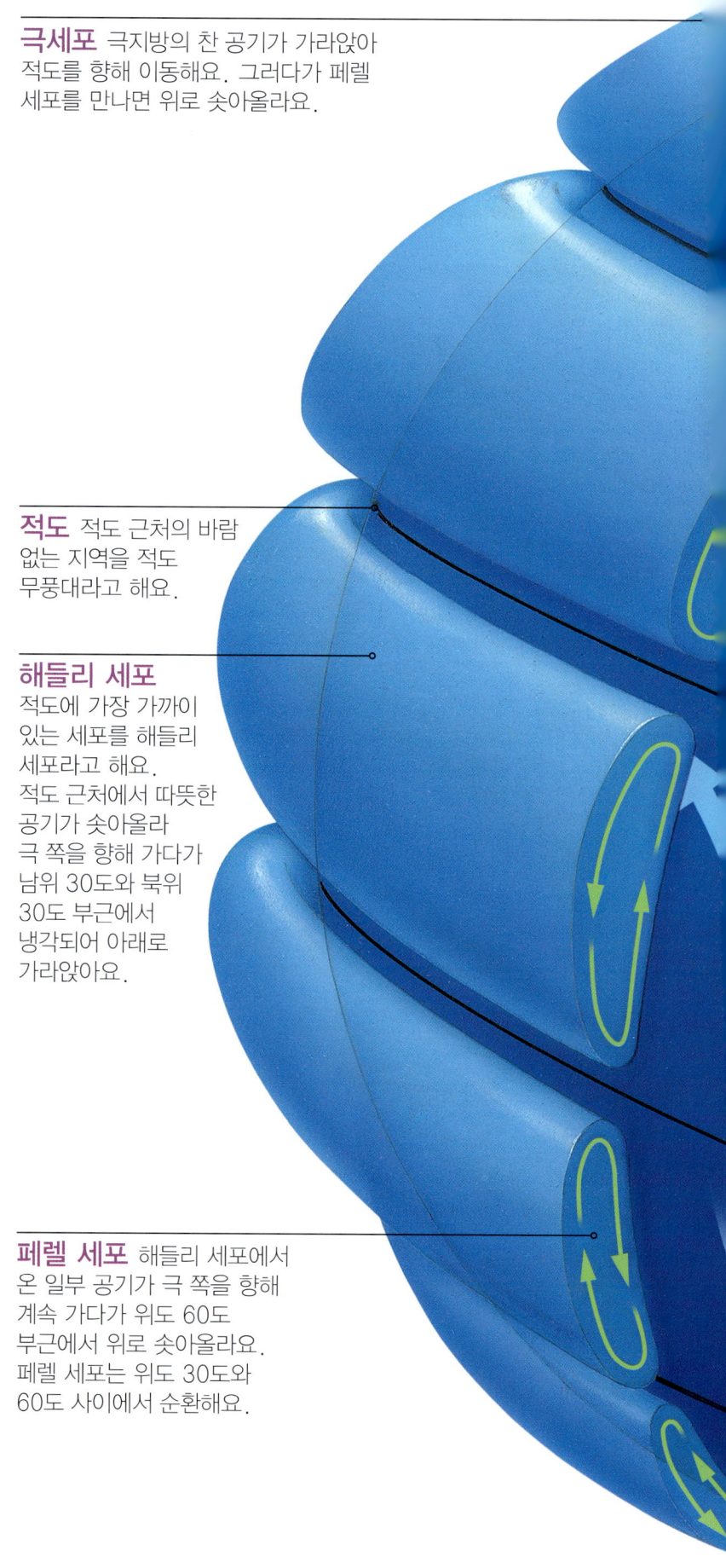

극세포 극지방의 찬 공기가 가라앉아 적도를 향해 이동해요. 그러다가 페렐 세포를 만나면 위로 솟아올라요.

적도 적도 근처의 바람 없는 지역을 적도 무풍대라고 해요.

해들리 세포 적도에 가장 가까이 있는 세포를 해들리 세포라고 해요. 적도 근처에서 따뜻한 공기가 솟아올라 극 쪽을 향해 가다가 남위 30도와 북위 30도 부근에서 냉각되어 아래로 가라앉아요.

페렐 세포 해들리 세포에서 온 일부 공기가 극 쪽을 향해 계속 가다가 위도 60도 부근에서 위로 솟아올라요. 페렐 세포는 위도 30도와 60도 사이에서 순환해요.

하나 더 알아보기!

바람은 세상에서 가장 빠르게 성장하는 전기 에너지원이에요. 비록 아직은 세계 인구의 1퍼센트밖에 사용하고 있지 않지만, 바람을 이용한 풍력 발전 전기는 값이 싸고 깨끗하며, 무엇보다 바닥날 염려가 없는 에너지예요. 세계에서 바람이 가장 강하게 부는 곳은 남극 대륙의 커먼웰스만이에요.

극동풍 위도 60도 이상의 극지방에서 발생한 고기압에서 불어 나오는 차가운 편동풍이에요.

편서풍 위도 30~60도 사이의 중위도 지방에서 일 년 내내 서쪽으로 치우쳐 부는, 따뜻하고 습기가 많은 바람이에요. 북반구에서는 계절풍 때문에 육지가 적은 남반구만큼 뚜렷하게 나타나진 않아요.

무역풍 일 년 내내 중위도에서 적도를 향해 부는 북동풍(북반구) 또는 남동풍(남반구)이에요.

편서풍 위도 30~60도 사이의 중위도 지방에서 일 년 내내 서쪽으로 치우쳐 부는 따뜻하고 습기가 많은 바람이에요.

날씨 : 바람

물의 순환

물의 순환이란, 물이 육지와 바다, 대기 사이에서 계속 돌아다니는 것을 말해요. 물의 순환은 우리에게 **신선한 물**을 공급해 주고, **날씨 현상**을 일으키는 주요 원인이 돼요. 태양이 바다와 강과 호수의 물을 **가열**하면, 물이 증발하여 수증기가 되어 대기 중으로 들어가요. **수증기**는 위로 올라가면서 **냉각**되어 물방울이 되는데, 이 물방울들이 한데 모인 것이 **구름**이에요. 구름에서 비가 내리면 물은 지표면으로 돌아가지요. 빗물 중 일부는 흙과 식물에 **흡수**되고, 나머지는 강과 지하 수로를 통해 **바다**로 돌아가요. 그리고 처음부터 같은 과정이 다시 **반복**돼요.

하나 더 알아보기!
지표면에서 물이 가장 많이 모여 있는 부분을 수권이라고 해요. 지구의 물 중 약 90퍼센트가 모여 있는 수권에는 바다, 강, 호수 등이 포함돼요.

바다에서 하늘로
바닷물이 증발해 구름을 만들어요.

육지와 바다는 가열되고 식는 속도의 차이 때문에 육지와 바다 사이에 바람의 순환이 일어나요.
낮 동안에는 육지가 더 빨리 가열되어 따뜻한 공기가 위로 솟아올라요. 그러면 바다에서 찬 공기가 육지로 밀려오는데, 이것을 '해풍'이라고 해요. 밤이 되면 바람이 부는 방향이 거꾸로 바뀌어, 육지의 찬 공기가 바다를 향해 불어요. 이것을 '육풍'이라고 해요.

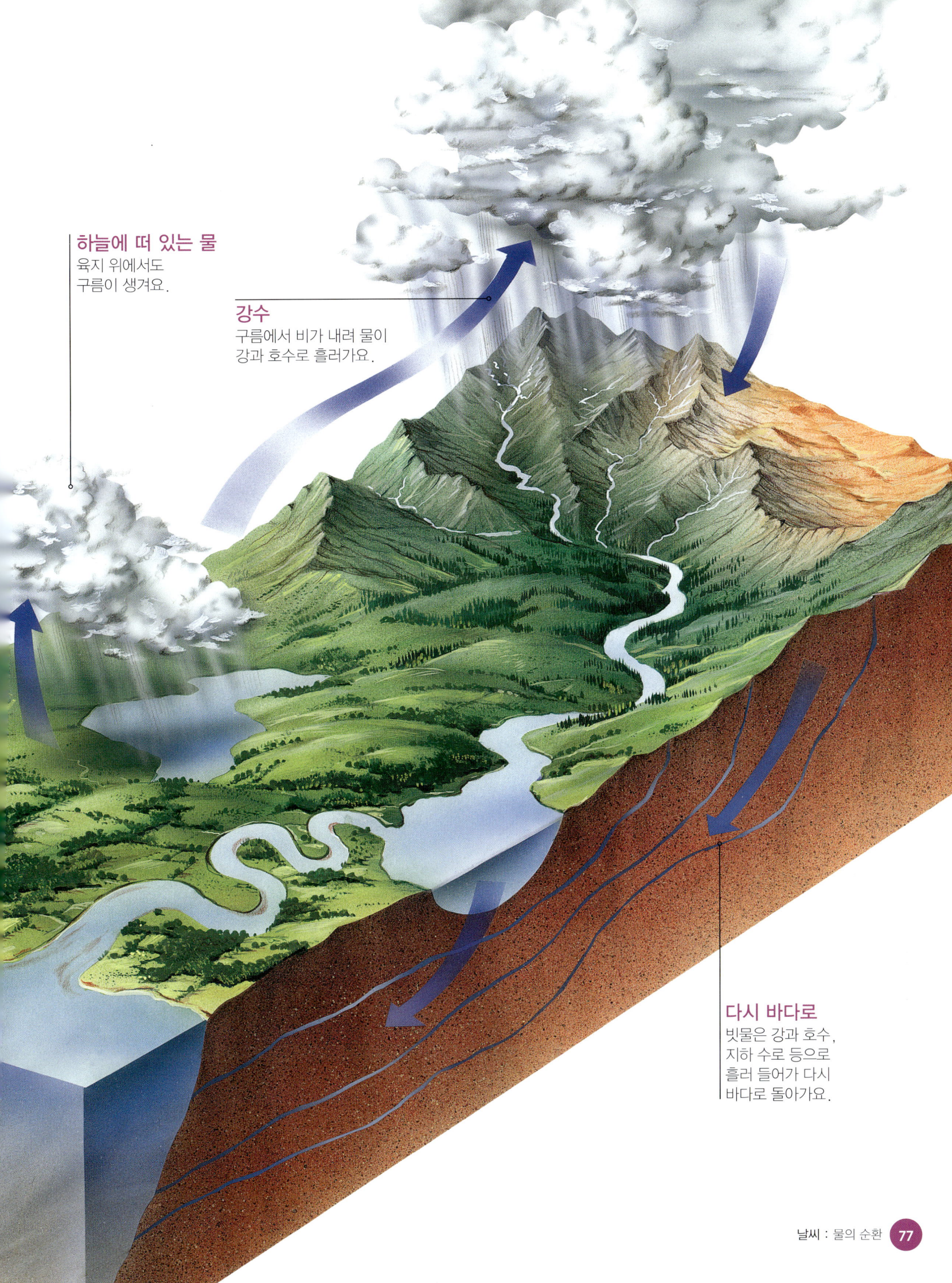

구름

구름은 수증기가 모여 생겨요. 수증기는 위로 솟아오르면서 냉각되어 상태가 변해요. 수증기는 온도가 어는점인 0도보다 높을 때에는 액체 상태의 물방울로 변해요. 이것을 '응결'이라고 해요. 하지만 온도가 어는점보다 낮을 때에는 얼음 결정(빙정)으로 변해요. 구름에는 물방울과 얼음 결정이 섞여 있기도 해요.

권층운(털층구름)
하늘 높이 뜬 얇고 흰 면사포 모양의 구름이에요.

권적운(털쌘구름)
높은 하늘에 희고 작은 구름 덩이가 줄무늬나 잔물결, 반점 같은 모양으로 나타나는 구름이에요.

고층운(높층구름)
흐린 날에 중간 높이에서 층을 이루어 하늘을 덮는 회색 구름이에요.

층운(층구름)
안개처럼 지면 가까이에 층을 이루어 생기는 엷은 구름으로, 안개구름이라고도 해요.

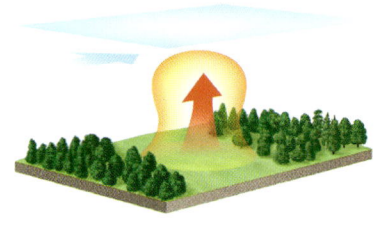

따뜻한 지면 위에서 솟아오른 공기는 위로 올라갈수록 차가워져요. 파란색 면은 물방울이 모여 구름이 만들어지기 시작하는 응결 고도를 나타내요.

공기가 파란색으로 표시된 응결 고도에 이르면, 물방울들이 모여 구름이 만들어져요.

구름은 바람에 실려 다른 곳으로 흘러가요. 지면이 여전히 따뜻하다면, 마찬가지 방법으로 새로 구름이 생길 수 있어요.

강수

강수는 구름으로부터 생긴 비, 눈, 우박, 안개 따위로 지상에 **내린 물**을 말해요.
비, 눈, 우박, 안개 따위는 대기의 바람, 온도, 수증기 압력 등에 따라 그 **형태**가 달라져요.

구름은 수증기가 모여 생겨요. 적운(쌘구름)은 따뜻하고 화창한 날에 볼 수 있어요. 적운에 들어 있는 물방울은 너무 작아서 비를 만들지 못해요.

뇌운이라고도 부르는 적란운(쌘비구름)은 8만 톤 이상의 물을 머금을 수 있어요. 적란운은 여러 종류의 강수 현상을 일으켜요. 적란운은 얼음과 물을 만드는데, 구름 아래의 온도에 따라 비, 우박, 눈 등으로 변해요. 적란운에서는 종종 번개도 치는데, 그 에너지는 작은 규모의 핵폭발과 맞먹어요.

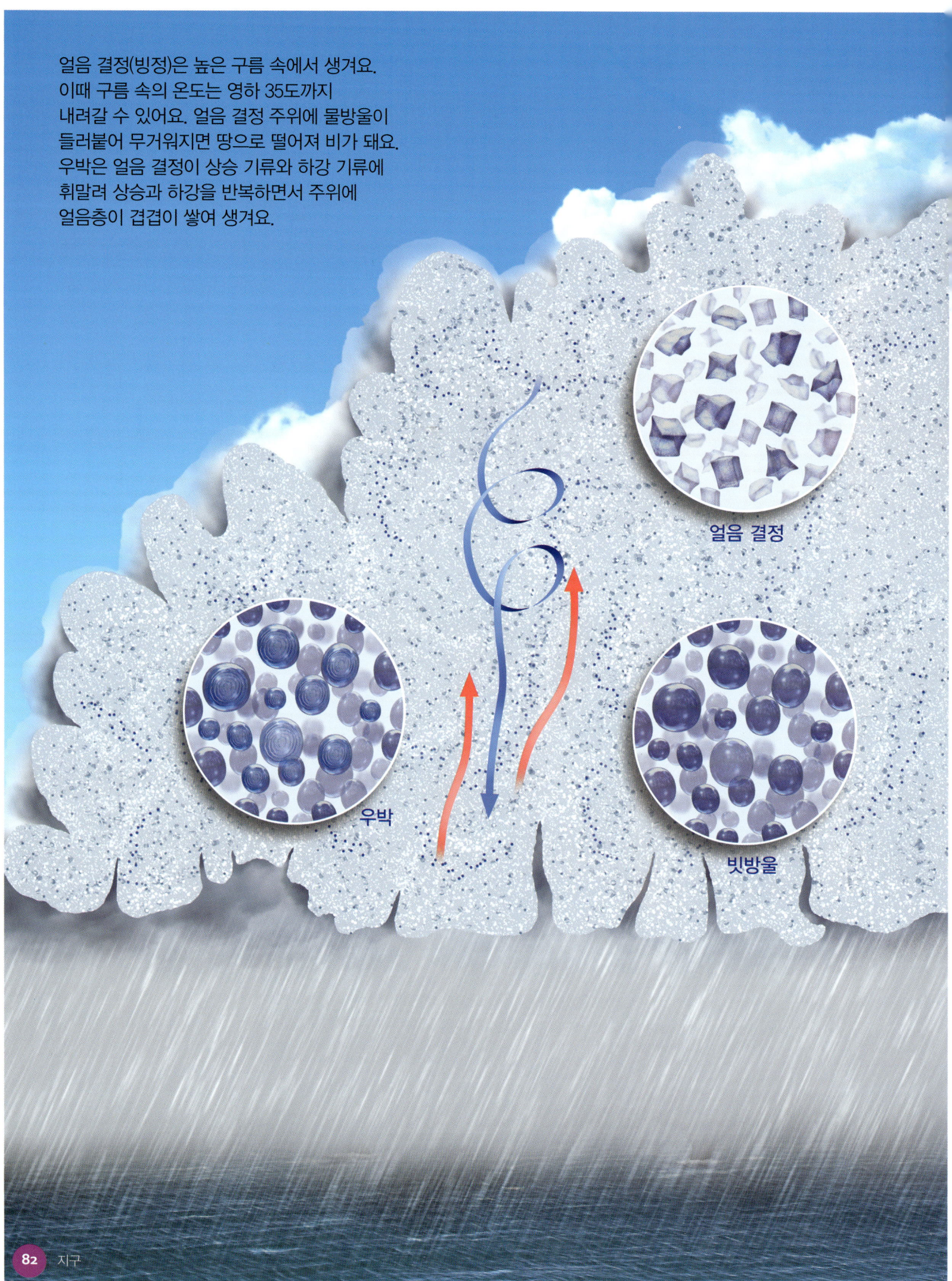

얼음 결정(빙정)은 높은 구름 속에서 생겨요. 이때 구름 속의 온도는 영하 35도까지 내려갈 수 있어요. 얼음 결정 주위에 물방울이 들러붙어 무거워지면 땅으로 떨어져 비가 돼요. 우박은 얼음 결정이 상승 기류와 하강 기류에 휘말려 상승과 하강을 반복하면서 주위에 얼음층이 겹겹이 쌓여 생겨요.

얼음 결정

우박

빗방울

눈은 구름 아래의 온도가 어는점보다 낮을 때 내려요. 그러면 얼음 결정이 녹지 않고 눈이나 우박이 되어 땅으로 떨어져요.

폭풍

뇌우(천둥과 번개를 동반한 비)는 지표면에서 따뜻한 공기가 아주 빨리 높은 구름층으로 올라갈 때 생겨요. 구름 속에 전기가 쌓이면 번개가 치기 시작해요. 번개는 정전기를 느낄 때와 같은 종류의 전기 에너지예요. 번개는 구름에서 지상으로 떨어지기도 하고, 구름 안에서 치기도 해요. 천둥은 번개가 지나가는 곳의 공기가 가열되어 순간적으로 크게 부풀면서 나는 소리예요.

생성

뇌우는 따뜻한 공기가 수증기를 머금고 차가운 공기가 있는 곳으로 빨리 상승하여 적운이 만들어질 때 발생해요. 이렇게 생겨난 가 올라오지 않으면, 폭풍 구름은 분해될 수도 있어요.

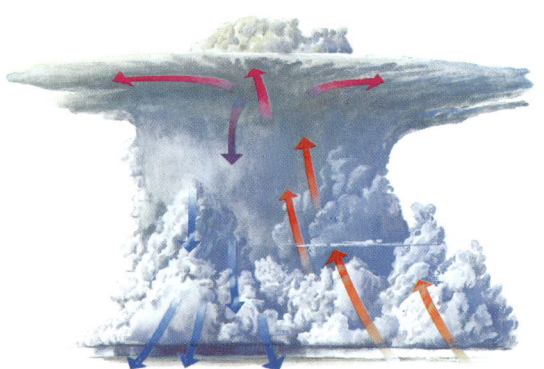

최고조에 이르렀을 때

분해

태풍

태풍은 적도 근처의 따뜻한 바다 위에서 생겨나는 거대한 폭풍이에요. 태풍은 바다 위로 지나가는 뇌우 집단에서 생겨나기 시작해요. 바다의 따뜻한 물이 증발해 수증기를 많이 포함한 공기가 상승하면서 반시계 방향으로 빙빙 돌아요. 풍속이 시속 120킬로미터를 넘으면, 태풍으로 분류돼요. 태풍은 대부분 열대 지방의 넓은 바다에서 생기는데, 발생하는 장소에 따라 이름이 달라요. 우리나라를 비롯한 태평양 북서부에서는 태풍, 대서양과 태평양 북동부에서는 허리케인, 인도양과 남태평양에서는 사이클론이라 불러요.

소용돌이 바람
따뜻한 수증기를 많이 머금은 공기가 소용돌이 바람에 실려 높이 솟아오르면, 수증기가 냉각되어 물방울로 변해요. 이 물방울들이 뭉쳐서 폭우가 되어 쏟아져요.

거대한 폭풍
태풍은 폭이 1,000킬로미터 이상, 높이가 약 16킬로미터에 이르기도 해요.

비구름
태풍이 생겨나기 시작할 때 비구름들도 나선 모양의 띠를 이루어 함께 생겨요.

1일째
태풍의 형태가 나타나기 시작해요.

3일째
태풍이 시계 반대 방향으로 돌기 시작해요.

6일째
나선 모양이 발달해요.

12일째
중심 부분에 태풍의 눈이 생겨요.

태풍의 눈
태풍의 눈 부분은 바람이 거의 불지 않으며, 하늘도 아주 맑아요. 눈의 지름은 12~16킬로미터에 이르러요.

태풍의 오른쪽(위험 반원)
태풍의 가장자리는 중심에서 320킬로미터 이상 떨어진 것도 있어요. 북반구에서는 진행 방향에 대해 태풍의 오른쪽이 왼쪽보다 바람이 더 강하기 때문에 더 큰 피해가 발생해요.

태풍의 피해
태풍은 시간당 약 400킬로미터씩 진행하기도 해요. 때로는 태풍 해일이 해안 지대를 덮쳐 큰 홍수가 발생하기도 해요.

온실 효과

온실 기체는 지구에서 우주로 나가려는 열을 붙들어 지구를 따뜻하게 데워 주어요. 대부분의 온실 기체는 자연적으로 생겨나지만, 사람들이 석유나 석탄 같은 화석 연료를 태워 더 많은 온실 기체를 대기 중으로 뿜어 내고 있어요. 이렇게 온실 기체가 증가하면 지구에서 우주로 나가려는 에너지를 더 많이 흡수하여 지구의 온도가 점점 더 높아져요. 이렇게 지구 온도가 점점 높아지는 현상을 지구 온난화라고 해요.

온실은 유리나 비닐로 짓는데, 햇볕을 최대한 많이 받기 위해 지붕을 경사진 모양으로 지어요. 온실 안에 갇힌 햇볕은 기온을 높여 식물을 잘 자라게 해요.

얼음 거울
햇빛 중 일부는 구름이나 얼음에 반사되어 우주 밖으로 나가요.

가열
햇빛이 대기 중으로 들어와요.

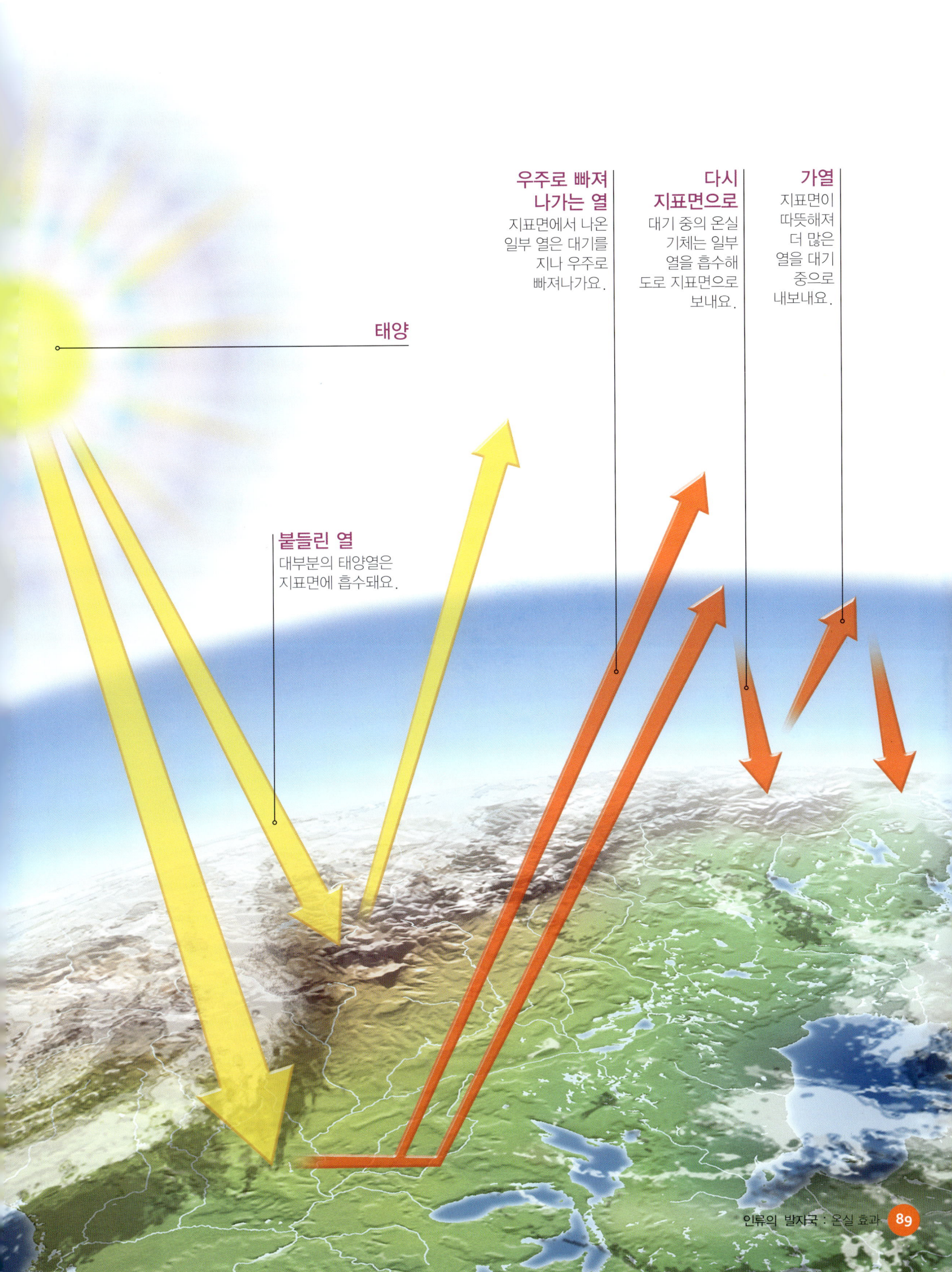

에너지

지구는 우리에게 많은 형태의 에너지를 제공해요. **바람**이나 **햇빛**, **파도** 같은 에너지는 아무리 써도 바닥나지 않는 **재생 에너지**예요. 반면에 **석탄**이나 **석유**, **천연가스**와 같은 **화석 연료**는 동물이나 식물의 잔해로부터 만들어지는데, 그 기간은 수백만 년이나 걸려요. 더구나 화석 연료는 한번 쓰면 영영 없어지고 말아요. 그래서 과학자들은 재생 에너지를 이용할 수 있는 방법을 찾고 있어요.

하나 더 알아보기!
21세기 중반에는 전 세계의 전력 생산량 중 약 10퍼센트가 재생 에너지인 바람을 이용한 풍력으로 생산될 거라고 해요.

지열
땅 밑에서 뜨거운 화산암이 지하수를 데워요. 이 뜨거워진 지하수를 이용해서 전기를 만들어 내요.

석유와 천연가스
석유와 천연가스는 지각에 묻혀 있어요. 그것을 꺼내 쓰려면 땅속 깊이 구멍을 파야 해요.

석탄
석탄은 땅 밑에 묻혀 있는 화석 연료예요. 석탄은 발전소에서 전기를 만드는 연료로 쓰여요.

원자력
우라늄은 원자력 발전소에서 전기를 만들어 내는 연료로 쓰여요.

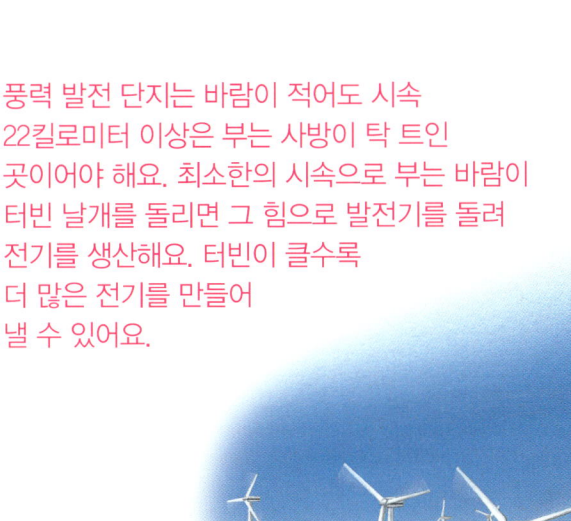

풍력 발전 단지는 바람이 적어도 시속 22킬로미터 이상은 부는 사방이 탁 트인 곳이어야 해요. 최소한의 시속으로 부는 바람이 터빈 날개를 돌리면 그 힘으로 발전기를 돌려 전기를 생산해요. 터빈이 클수록 더 많은 전기를 만들어 낼 수 있어요.

날개

변속기 | 발전기

탑

수력 발전
댐에서 흘러나오는 물의 힘으로 터빈을 돌려 전기를 생산할 수 있어요. 이것을 수력 발전이라고 해요.

풍력 발전
풍력 터빈은 바람을 이용해 터빈 날개를 돌려요. 이때 터빈에 연결된 발전기도 돌면서 전기를 만들어요.

태양열 발전
거울들이 태양열을 한 곳으로 집중시켜 그 열로 수증기를 만들고, 수증기의 힘으로 발전기를 돌려 전기를 만들어요.

조력 발전
조력 터빈은 풍력 터빈과 원리가 똑같아요. 다만, 바람 대신에 조수(바닷물이 들어왔다 나가는 것)의 힘을 이용해 터빈을 돌려 전기를 만들어요.

인류의 발자국 : 에너지

탄광

우리는 화석 연료인 석탄에서 많은 에너지를 얻어요. 석탄을 연료로 쓰는 화력 발전소에서는 석탄을 태워 물을 끓이고, 이때 나오는 수증기의 힘으로 발전기를 돌려 전기를 만들어요. 품질이 좋은 석탄은 태울 때 에너지를 많이 내는 석탄인데, 단단하고 더 많이 압축된 것일수록 품질이 좋아요. 그런데 석탄을 태우면 온실 기체인 이산화탄소가 나와요. 사람들은 수백 년 전부터 땅속으로 깊이 들어가 석탄을 캐냈어요. 또 석탄을 보관하기 위해 탄광도 만들었어요. 지금은 땅을 파는 일은 기계가 거의 다 해요.

내려가는 수갱
광부들은 엘리베이터를 타고 수갱(수직굴)을 내려가 석탄이 묻혀 있는 지하에 도착해요.

식물이 죽고 나서 분해되면 이탄으로 변해요.
이탄 위에 지층이 쌓여 오랜 동안 압력을 받으면 이탄은 갈탄으로 변해요.
갈탄 위에 지층이 쌓여 많은 압력을 받으면 갈탄은 역청탄으로 변해요.

시간이 오래 지나면, 분해된 식물은 이탄이 돼요.

위에 쌓인 암석층이 이탄을 짓누르면, 이탄은 갈탄으로 변해요.

갈탄 위에 지층이 쌓여 오랜 시간 동안 압력을 받으면, 갈탄은 역청탄으로 변해요.

최고 품질의 석탄은 압축이 가장 많이 된 거예요. 그것을 무연탄이라 불러요.

석유

석유와 천연가스는 바다 밑이나 땅속에 묻혀 있는데, 그것을 끌어올릴 수 있는 방법은 땅속 깊이 구멍을 파는 수밖에 없어요. 때로는 석유 플랫폼을 바다 위에 세우기도 하는데, 거기서 일하는 사람은 그때마다 그곳에 몇 주일씩 머물러요. 해저 바닥에서 끌어올린 원유는 유조선이나 송유관을 통해 정유 공장으로 운반해요. 석유는 자동차 연료와 난방 연료로 쓰이고, 전기를 만드는 데에도 쓰여요.

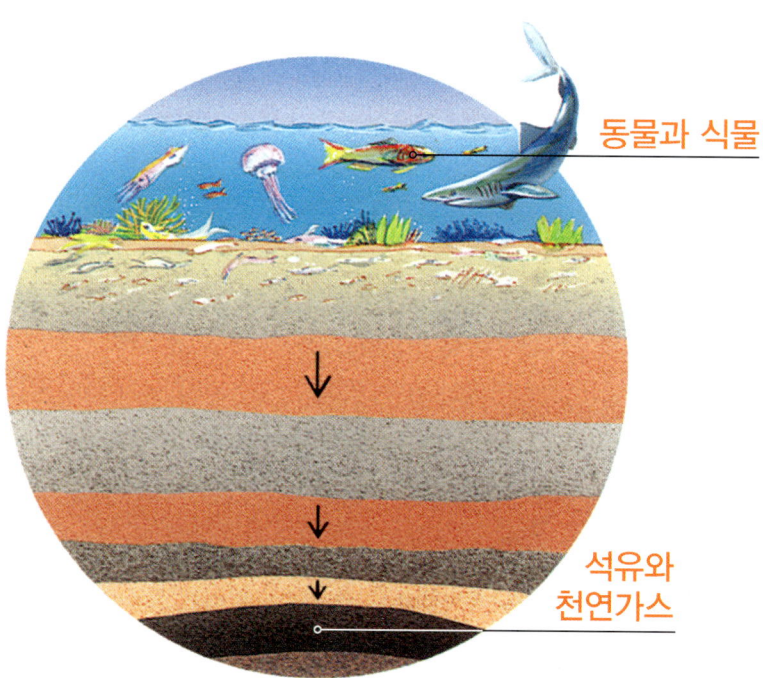

동물과 식물

석유와 천연가스

석유는 화석 연료예요. 죽은 동물이나 식물이 해저 바닥으로 가라앉아 진흙과 모래 더미에 묻힌 채로 수백만 년의 시간이 흐르면 화석으로 변해요. 여기에 높은 온도의 열과 압력이 가해지면 동물의 유해가 석유와 천연가스로 변해 땅속의 빈 공간에 모여요.

지지 기둥
석유 플랫폼을 떠받치는 강철 혹은 콘크리트 기둥은 파도와 해류의 힘에 견뎌 낼 수 있어야 해요. 어떤 지역에서는 얼음도 위험 요소가 될 수 있어요.

용어 설명

간헐천
일정한 간격을 두고 뜨거운 물이나 수증기를 내뿜었다가 멎었다가 하는 온천. 흔히 화산 지역에서 볼 수 있어요.

강수
비, 눈, 우박, 안개의 형태로 하늘에서 땅으로 떨어지는 물. 구름 속의 수증기가 물방울이나 얼음 알갱이가 되어 떨어질 때 강수가 일어나요.

극지방
남극과 북극을 중심으로 한 그 주변 지역. 극지방에는 펭귄, 북극곰, 물범, 고래 같은 동물이 살아요.

날씨
비가 오는지, 눈이 내리는지, 바람이 부는지, 맑은지, 흐린지 등 그날그날 나타나는 기상 상태를 일컫는 말.

대기
지표면을 둘러싸고 있는 공기층. 산소, 질소, 이산화탄소를 비롯해 다양한 기체 성분으로 이루어져 있어요.

대륙 빙하
대륙의 넓은 지역을 덮고 있는 빙하. 빙상이라고도 해요. 남극 대륙의 대륙 빙하는 지구에서 가장 거대한 얼음 덩어리예요.

대륙
바다로 둘러싸인 넓고 큰 육지. 아시아, 아프리카, 유럽, 북아메리카, 남아메리카, 오스트레일리아, 남극 등 일곱 개의 대륙이 있어요.

마그마
땅속 깊은 곳에 액체 상태로 녹아 있는 아주 뜨거운 암석.

맨틀
지구 내부의 핵과 지각 사이에 있는 부분. 두께가 약 2,900킬로미터나 되며, 지구 부피의 약 70퍼센트를 차지해요.

변성암
암석이 땅속 깊은 곳에서 온도, 압력 따위의 영향이나 화학적 작용으로 변하여 만들어진 암석.

빙산
빙하에서 떨어져 나와 바다에 떠다니는 큰 얼음 덩어리. 빙산은 꼭대기 부분만 물 위로 나와 있고, 나머지는 물속에 잠겨 있어요.

빙하
쌓인 눈이 짓눌려 변한 큰 얼음 덩어리가 산비탈이나 계곡을 따라 천천히 강처럼 흐르는 것. 빙하는 기후 변화에 따라 늘어나기도 하고 줄어들기도 해요.

산지 삼림
토양이 얇고 암석이 많은 일부 산지 기슭에 자라는 숲.

삼각주
강이 바다나 호수나 다른 강으로 들어가는 어귀에 강물에 운반된 모래나 흙이 쌓여 생긴 편평한 지형.

석순
종유굴의 천장에서 떨어진 탄산칼슘 용액에서 물이 증발하고, 석회석이 죽순 모양으로 자라난 기둥.

수력 발전
물의 힘을 이용해 전기를 만들어 내는 것을 말해요.

심해
수심 2,000미터 이하의 깊은 바다. 이곳은 아주 춥고 캄캄해요. 전체 해저 면적의 약 75퍼센트를 차지해요.

열점
맨틀 깊은 곳에서 뜨거운 마그마가 지표면으로 솟아올라오는 지점. 이 지점을 판의 가장자리가 지나갈 때 화산이 분화해요.

온실 효과
대기 중의 온실 기체가 우주 공간으로 빠져나가는 열을 붙들어 지구를 따뜻하게 하는 효과.

용암
화산에서 뿜어 나오는 녹은 상태의 암석, 또는 그것이 식어서 굳은 암석이에요. 용암은 아주 뜨거워서 지나는 길에 있는 모든 것을 파괴해 버려요.

응결
수증기가 냉각되어 물방울로 변하는 현상. 대기 중에서 응결이 일어나면 구름, 안개, 서리, 이슬 등이 생겨요.

재생 에너지
계속 써도 바닥나지 않는 에너지. 태양, 풍력, 수력 등의 에너지.

적도
지구의 남북 양극에서 같은 거리에 있는 지구 표면의 점들을 이은 선. 적도는 지구를 남반구와 북반구로 나누어요.

종유석
종유굴의 천장에 고드름같이 달려 있는 석회석.

중앙 해령
대양의 중앙을 지나는 해저 산맥을 말해요.

증발
물이 수증기로 변하는 현상. 또는 어떤 물질이 액체 상태에서 기체 상태로 변하는 현상. 지표면의 물은 늘 공기 중으로 증발되어 구름을 만들어요.

지각
지구의 가장 바깥쪽 껍질에 해당하는 부분. 지각은 단단한 암석으로 이루어져 있고, 수십 개의 판으로 쪼개져 있어요.

지진
지표면이 흔들리는 현상. 판들이 이동하다가 서로 충돌하면서 지진이 일어날 수도 있고, 땅속에 오랫동안 쌓인 에너지가 솟아오르면서 지진이 일어날 수도 있어요.

침식
물이나 얼음 또는 바람의 작용으로 지표면이나 바위가 서서히 깎여 나가는 현상. 침식이 일어나면 부서져 나온 입자들이 한 장소에서 다른 장소로 옮겨 가요. 지표면은 침식의 결과로 늘 모습이 변해요.

퇴적물
암석의 파편이나 생물의 유해 따위가 물, 빙하, 바람, 중력 따위의 작용으로 운반되어 땅 표면에 쌓인 물질.

태풍
적도 근처의 따뜻한 바다 위에서 생겨나는 거대한 폭풍.

퇴적암
퇴적물이 쌓여 오랫동안 큰 압력을 받아 생긴 암석.

판
지각을 이루고 있는 수십 개의 커다란 조각. 판은 맨틀 위를 천천히 떠다녀요.

풍화 작용
암석이나 흙이 햇빛, 공기, 물, 생물 따위의 작용으로 점차 파괴되거나 분해되는 것.

해구
깊은 해저 바닥에 좁고 길게 도랑 모양으로 움푹 들어간 곳.

핵
지구의 중심에 있는 밀도가 높은 부분. 외핵과 내핵으로 나누어져 있는데, 외핵은 액체 상태의 니켈과 철로, 내핵은 고체 상태의 니켈과 철로 이루어져 있어요.

허리케인
대서양 서부의 카리브 해, 멕시코 만과 북태평양 동부에서 발생하는 강한 열대성 저기압. 강한 바람과 많은 비를 몰고 오는 특징이 있어요.

화산
땅속에서 마그마가 뚫고 나오는 지점에 화산 물질이 쌓여 만들어진 산 같은 지형.

화석 연료
동식물의 유해가 땅속에 오랜 기간 묻혀 높은 열과 압력을 받아 만들어진 연료. 대표적인 화석 연료로는 석탄, 석유, 천연가스가 있어요. 화석 연료를 태우면 온실 기체인 이산화탄소가 많이 발생해요.

화성암
땅속 깊은 곳에서 마그마가 천천히 식으면서 굳어 생긴 암석. 화산에서 뿜어 나온 용암이 지표면에서 굳어 생기기도 해요.

• 교육과학기술부 인증 우수 과학 도서　• 소년한국일보 인증 우수 과학 도서

사실적 입체적 3D 컴퓨터그래픽 과학 백과

3D 컴퓨터그래픽으로 탄생한
사실적이고 입체적인 과학 백과!
내부를 들여다보듯 생생한 그림!

관련 분야 권위자의 **꼼꼼한 감수**를 마친 최신 과학 백과
최첨단 **3D 컴퓨터그래픽**으로 탄생한 사실적이고 입체적인 그림
쉽고 간결한 설명으로 초등학생 누구나 볼 수 있는 **과학 학습 자료**
미국, 영국, 독일 등 **세계 유명 화가들**의 수준 높은 그림

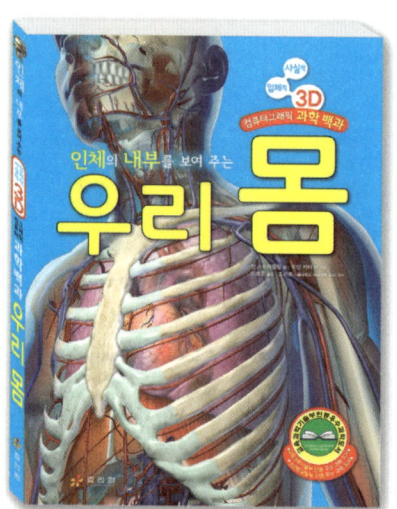

자기 몸무게의 50배가 넘는 먹이도 거뜬히 드는 거미, 다른 동물을 흉내 내는 나비, 전체 곤충의 절반을 차지하는 딱정벌레, 파충류도 잡아먹는 거대한 거미 타란툴라까지! 3D 컴퓨터그래픽으로 탄생한 생동감 넘치는 그림과 쉽고 간결한 설명으로 만나는 최고의 곤충과 거미 백과!

「과학 3-1」 3. 동물의 한살이
「과학 3-2」 2. 동물의 생활

뼈, 근육, 신경, 감각 등 우리 몸을 이루고 있는 모든 조직을 3D 컴퓨터그래픽으로 표현한 인체 백과! 우리 몸의 내부를 들여다보듯 생생한 그림과 쉽고 간결한 설명으로 우리 몸에 대한 궁금증 해결! 우리 몸의 겉과 속을 머리에서부터 발끝까지 여행할 수 있는 놀라운 인체 백과!

「봄 2-1」 1. 알쏭달쏭 나
「과학 6-2」 4. 우리 몸의 구조와 기능

지구는 무엇으로 이루어져 있을까요? 지구의 내부는 어떻게 생겼을까요? 지금 지구에서는 어떤 일이 일어나고 있을까요? 3D 컴퓨터그래픽으로 탄생한 생동감 넘치는 그림과 쉽고 간결한 설명으로 만나는 최고의 지구 백과!

「과학 3-1」 5. 지구의 모습　「과학 3-2」 3. 지표의 변화
「과학 4-1」 2. 지층과 화석　「과학 4-2」 4. 화산과 지진
「과학 5-2」 3. 날씨와 우리 생활
「과학 6-1」 2. 지구와 달의 운동
「과학 6-2」 2. 계절의 변화

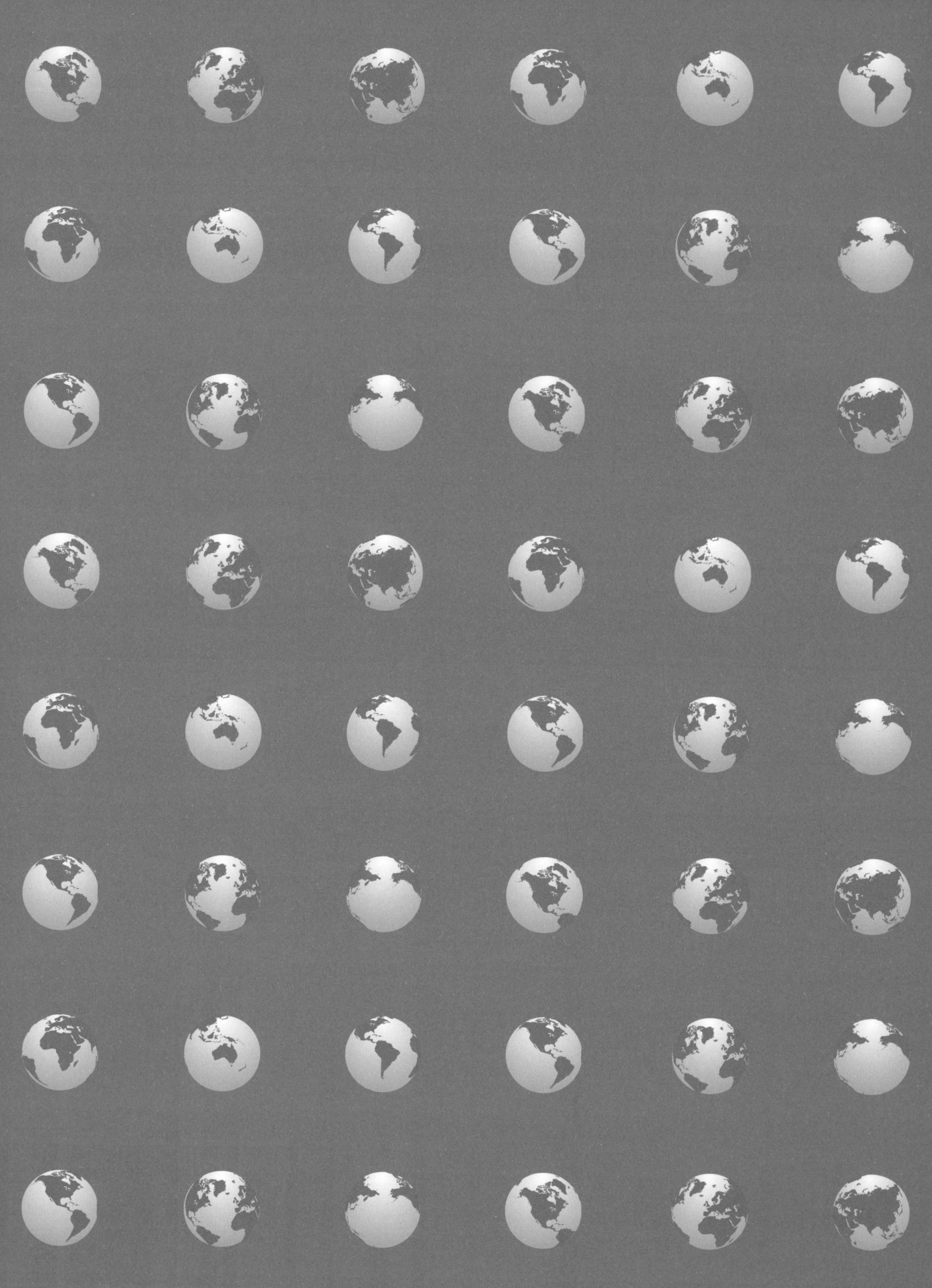

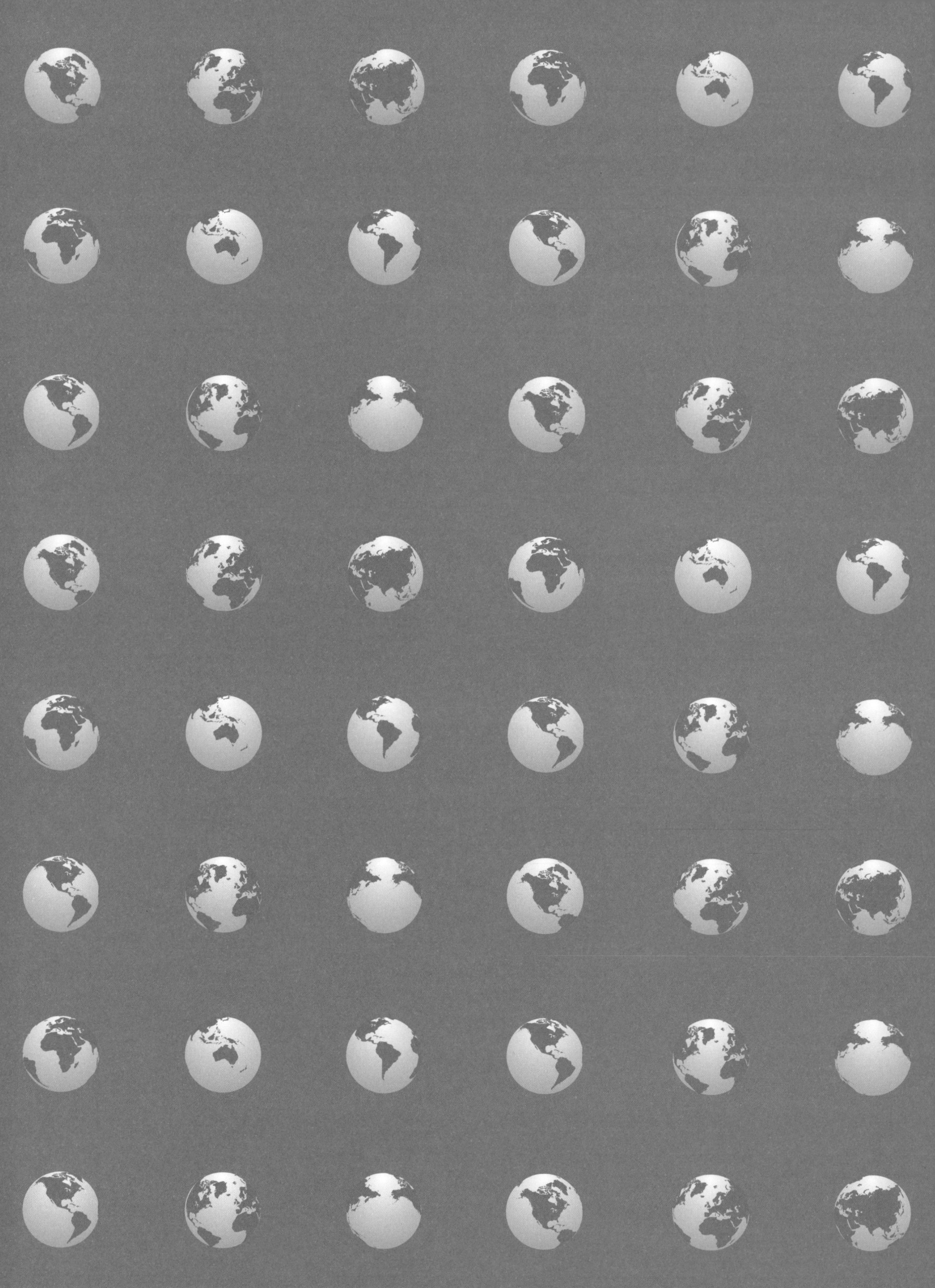